희망은
깨어 있네

희망은
깨어 있네

이해인
시집

마음산책

희망은
깨어 있네

1판 1쇄 발행 2010년 1월 15일
1판 24쇄 발행 2023년 6월 1일

지은이 | 이해인
펴낸이 | 정은숙
펴낸곳 | 마음산책

사진 | 김 마리 소피 수녀·박정훈

등록 | 2000년 7월 28일(제2000-000237호)
주소 | (우 04043) 서울시 마포구 잔다리로3안길 20
전화 | 대표 362-1452 편집 362-1451   팩스 | 362-1455
홈페이지 | www.maumsan.com
블로그 | blog.naver.com/maumsanchaek
트위터 | twitter.com/maumsanchaek
페이스북 | facebook.com/maumsan
인스타그램 | instagram.com/maumsanchaek
전자우편 | maum@maumsan.com

ISBN 978-89-6090-068-4 03810

* 책값은 뒤표지에 있습니다.

아픔 속에 더 크게 들려오던 희망의 음성,
눈물 속에 더 밝게 빛나던 희망의 얼굴,
잊을 수 없습니다.
고맙습니다.

아침에 잠이 깨어 옷을 입는 것은
희망을 입는 것이고,
살아서 신발을 신는 것은 희망을 신는 것임을
다시 절감하는 요즘입니다.

□ 책머리에 □

'고통의 학교'에서 수련을 받고
부르는 희망

　오늘은 그동안 내가 산책길에서 따서 모은 꽃잎들로 카드를 만들었습니다. 약간은 빛이 바랜 벚꽃잎, 아직도 빛깔이 선명한 분꽃잎과 장미 꽃잎, 그리고 책갈피마다 들어 있을 만큼 많이도 모아둔 네잎 클로버들을 보니 어찌나 반가운지! 잠시 고요히 생각에 잠겼습니다.
　말린 꽃잎들 위로 내가 투병 중에 견디어온 시간들이 웃으며 지나갔습니다. 나에게 힘과 용기를 주었던 친지들의 얼굴들도 웃으며 지나갔습니다.
　몸에 좋다는 식품, 영혼을 치유해준다는 음악, 운동할 때 신으면 좋다는 신발, 위로천사 역할을 해줄 거라는 인형들, 잠자리를 편하게 해줄 거라는 이불과 베개와 잠옷, 좋은 그림과 책들과 편지와 엽서 등등 온갖 종류의 선물을 보내주고, 보이지 않는 기도로 응원과 격려를 아끼지 않으신 많은 분들에게 나는 어떻게 감사해야 할지 모르겠습니다. 보호자 수녀까지 곁에 두어 병원생활을 잘 하도록 도와준 수도공동체에도 나는 사랑의 큰 빚을 졌습니다.

어느 날 갑자기 나를 덮친 암이라는 파도를 타고 다녀온 '고통의 학교'에서 나는 새롭게 수련을 받고 나온 학생입니다. 세상을 좀 더 넓게 보는 여유, 힘든 중에도 남을 위로할 수 있는 여유, 자신의 약점이나 실수를 두려워하지 않는 여유, 유머를 즐기는 여유, 천천히 생각할 줄 아는 여유, 사물을 건성으로 보지 않고 의미를 발견하며 보는 여유, 책을 단어 하나하나 음미하며 읽는 여유를 이 학교에서 배웠습니다. 아직도 수련 중이긴 하지만 이 학교에서 다시 보는 세상은 얼마나 더 감탄할 게 많고 가슴 뛸 일이 많은지요. 사람들은 또 얼마나 아름답고 정겨운지요.

치유를 원하는 환자임은 틀림없는 사실이지만 '아픈 것을 낫게 해달라'는 기도를 하기는 왠지 민망하여, 나는 오히려 다른 환자분들을 위한 기도를 더 많이 하려고 애썼습니다. 감사만 하기에도 부족을 느끼는 나에게 친지들이 문병을 오면 하나같이 말보다는 더 깊은 눈빛으로 말하는 것을 느꼈습니다. 그것은 힘들어도 희망을 버리지 말고 깨어 있으라고 재촉하는 사랑의 언어였으며, 함께 아파주지 못해 미안하다는 연민의 기도였습니다.

몸은 많이 아프고 마음으로는 문득문득 두려움과 불안을

느끼는 순간에도 나는 이상하게 눈물은 한 번도 흘리지 않았습니다. 모차르트나 앙드레 가뇽의 음악을 듣거나 해 아래 빛나는 나무들을 보거나 해 질 무렵 기도하는 수녀들의 뒷모습을 바라보며 눈물 흘린 일은 있어도, 자신에 대한 연민에 빠져 울지 않은 것만도 참 다행이라며 스스로를 종종 칭찬해 주었습니다.

살아온 기적이 살아갈 기적이 됨을 삶으로 보여주며 죽는 날까지 희망에 대해 말했던 장영희 교수의 애장품인 고운 시계가 있는 방, 암에 걸린 것을 무슨 벼슬인 양 자랑하며 웃었던 화가 김점선의 그림들이 있는 방, "나도 수녀님처럼 생각을 아름다운 시로 표현할 수 있으면 참 좋을 텐데……" 하시던 김수환 추기경님의 사진이 있는 방, 이 방에서 글을 쓰려니 새삼 다정했던 그분들의 생전 모습이 떠오릅니다. 아무도 예측할 수 없는 나의 그날은 언제일 것인가? 미리 헤아려보게 됩니다.

유난히 이별이 많았던 2009년이 지나고 2010년 새해가 밝았습니다. 아침에 잠이 깨어 옷을 입는 것은 희망을 입는 것이고, 살아서 신발을 신는 것은 희망을 신는 것임을 다시 절감하는 요즘입니다. 전에는 그리 친숙하게 여겨지지 않던 희망이란 단어가 퍽 새롭게 다가오는 날들입니다. 희망은 저절로 오는 것이 아니라 내가 불러야만 오는 것임을, 내가 조금씩 키워가는 것임을, 바로 곁에 있어도 살짝 깨워야만 신나게 일어나 달려오는 것임을 다시 배워가는 날들입니다.

치료를 받으며 힘겨웠던 시간에, 쉬는 시간에 노래처럼 흘러나왔던 시들을 『희망은 깨어 있네』에 담아서 내놓습니다. 이것은 어쩌면 그동안 걱정을 많이 하며 나의 쾌유를 빌어주던 고마운 분들에게 드리는 하나의 답장일 수도 있겠다는 생각을 해봅니다. 1부에서 5부까지는 시를, 6부에서는 그동안 기록했던 일기에서 독자들과 나누고 싶은 단상들을 정리하여 넣었습니다.

앞으로 나에게 어떤 일이 생길지 알 수 없으나 우선은 최선을 다해 투병하고 나머지는 하늘에 맡기는 심정으로 작은 희망을 잃지 않으려 합니다.

자면서도 깨어 있는 희망, 죽어도 부활하는 희망을 꿈꾸며 나의 또 다른 이름이 작은 희망일 수 있기를 겸손되이 기원해봅니다. 부족한 그대로나마 현재의 내 모습을 글로써 여러분께 보여드리는 기쁨에 새롭게 감사드립니다. 정성 다해 책을 꾸며주신 〈마음산책〉 여러분께도 진심으로 감사드립니다. 이 책을 곧 80주년을 맞는 우리 수도공동체에 바치고 싶습니다.

2010년 1월
바다가 보이는 수녀원에서
이해인 수녀

□ 차례 □

책머리에 • 8

희망은 깨어 있네

유리창 위의 새 • 21
행복한 풍경 • 23
파밭에서 • 24
행복수첩 • 26
엄마가 둘이어서 • 28
별 예수 • 29
꿈 일기 • 31
작은 이 • 33
희망은 깨어 있네 • 35
작은 위로 2 • 37
새벽바람 • 40
신발을 신으며 • 41
종이에 손을 베고 • 43

편지의 집 • 45
아침 기도 • 46
밤 기도 • 47
상처의 교훈 • 49
시간은 • 50
작은 감사 • 51
나의 손은 • 53
방역 • 54
바다로 가는 길 • 56
지혜로운 사람 • 57
바람의 소리 • 59
세월 • 60
다산의 말 • 61
큰 죄 • 63

병상 일기

좀 어떠세요? • 67

어떤 결심 • 69

미열 • 70

병상 일기 1 • 71

병상 일기 2 • 72

병상 일기 3 • 74

병상 일기 4 • 76

모기에게 • 77

새로운 맛 • 79

숙제 • 80

눈물의 만남 • 81

적게 더 적게 • 82

베개를 받고 • 83

아픈 날의 편지 • 84

아픈 날의 기도 • 85

행복 일기 • 86

위로자의 기도 • 88

옷 정리 • 89

머리카락의 기도 • 90

어떤 고백 • 92

위로의 방법 • 94

사랑의 기쁨 • 96

해 질 무렵 —탄도에서 • 97

뼈를 위한 노래 • 98

계절 편지

설날 아침 • 103

봄 일기 ―싸락눈 내린 날 • 105

봄 일기 ―입춘에 • 106

봄 인사 • 107

비 일기 • 109

반딧불 이야기 • 110

가을비에게 • 111

가을 편지 1 • 112

가을 편지 2 • 114

도토리의 집 • 115

한가위 • 116

가을 하늘 • 118

단풍나무 아래서 • 119

나뭇잎 러브레터 • 120

첫눈 내리는 날 • 121

눈꽃 노래 1 • 122

눈꽃 노래 2 • 123

눈꽃 노래 3 • 124

12월은 • 125

겨울 기도 • 127

겨울산에서 • 128

우리는 믿습니다 ―성탄 기도 • 129

채우고 싶은 것들

오늘의 행복 • 137

채우고 싶은 것들 • 139

슬픈 날의 일기 • 140

나의 별 • 142

꿀잠 • 143

꽃밭에서 • 144

산 위에서 • 145

바닷가에서 • 147

사랑의 말 • 149

잔치국수 • 150

꿈의 길 • 151

후회뿐인 기도 • 152

그리운 집 • 154

엄마 • 155

길 위에서 • 156

나무를 안고 • 157

나의 방 • 159

숨바꼭질 • 161

꿈꾸며 떠난 길 • 162

이별의 아픔 • 163

작은 기도 • 165

가야 소녀에게 • 167

일기 • 169

김연아에게 • 171

언제나 그리움

장영희에게 • 175

봉헌기도 ―김수환 추기경님을 보내며 • 179

김점선에게 • 183

시를 꽃피운 생각들 • 187

희망은 깨어 있네

오늘도

나는 숨을 쉽니다

힘든 일 있어도

노래를 부릅니다

자면서도

깨어 있습니다

유리창 위의 새

어느 날
아름다운 절에 놀러갔습니다
차 마시는 방
커다란 유리창에
앞산의 숲이 그대로 들어 있었지요
진짜 숲인 줄 알고
새들이 와서 머리를 부딪치고 간다는
스님의 말을 전해 들으면서
사람들은 하하 호호 웃었지만
나는 문득 슬프고
가슴이 찡했지요

위장된 진실과
거짓된 행복이
하도 그럴듯해
진짜인 줄 알고
신나게 달려갔다
머리를 박고
마음을 다치는 새가
바로 나인 것 같아서요

실체와 그림자를
자주 혼동하는 새가
나인 것 같아
나는 계속 웃을 수가 없었답니다

행복한 풍경

새들도
창밖에서 기도하는
수도원의 아침

90대의 노수녀 둘이
나란히 앉아
기도서를 펴놓은 채
깊이 졸고 있네
하느님도 그 곁에서
함께 꿈을 꾸시네

바람이 얼른 와서
기도문을
대신 읽어주는
천국의 아침

파밭에서

싱싱한 시간들이
촘촘히 줄지어 선
파밭에 서면

하늘과 땅이
그리 멀지 않네

꼿꼿이
허리를 세운
수행자의 모습

깨어 사는
희망이 되려면
누울 수도
앉을 수도 없다 하네

사랑은
이리도 파란빛
때로는 눈물 나게
아린 맛

오래가는 희망을

속 깊이 익히기 위해

웃음도 잠시

아껴둔다 하네

행복수첩

'앞을 봐도 기쁘고
옆을 봐도 즐겁고
뒤를 봐도 마냥 행복하다'

세상 떠난 어머니가
내게 남기고 가신
행복수첩을 읽으며
나도
동서남북 어디서나
행복한 사람이 되어야지
빙긋이 웃으며
결심해본다

'나는 많은 사람들 위해
움직이는 사랑의 집
선물의 집이 될 거야
요술공주 위로천사
모두모두 다 할 거야'

어린 날의
행복수첩에 적힌 글을
다시 읽으며
남은 날들
그렇게 살아야지
다짐해본다

불가능도 가능케 하는
마술사인 애인 덕에
난 충분히 그렇게 할 수 있어
생각하는 것만으로도
충분히 행복하다

엄마가 둘이어서

아직 꿈속에서
엄마와 재미있게
놀고 있는데

꿈 밖의 엄마가
어서 일어나라고
나를 부릅니다

응?
엄마가 또 있네

일부러
게으름 피우며
빙그레 웃어보는 오늘
엄마가 둘이어서
행복했던 오늘

별 예수

살아오는 동안
참으로
많은 꿈을 꾸었네

꿈길에서도 언제나
길을 찾았네

나의 길을 밝혀줄
별 하나 있어
무작정 설레임 속에
달려온 길

이 길이 때로
눈물의 길인 것도
숨이 찬 것도 잊어버리니
어느새
집에 이르렀네

목적지에 도착해서도

다시 길을 찾는

나는 누구일까

별을 바로 곁에 두고도

다시 별을 찾는

나는 누구일까

묻기도 전에

빛나는 그리움으로 와서

내 가슴에 깊이 박히는

예수 별

별 예수

난 이제

어둠 속에서도

두려움 없이 타버릴

준비를 해야 하네

꿈 일기

쓰다 만 시를
머리맡에 두고
잠이 들었다

꿈에도
고운 말 찾으려고
산 숲 바다 시장터를
헤매고 다니다
답은 못 찾아도
답답하지 않았지

언제나 숨어 있길
좋아하는
마음속의 시들

내내 품기만 하고
밖으로 못 나온 채
세상을 떠난다 해도

고맙다고

행복하다고

연습 삼아 말하는데

자꾸만

눈물이 나네

작은 이

작은 언니 작은 누나
작은 오빠 작은 형
작은 고모 작은 이모
작은 엄마 작은 할머니

작은…으로 시작하는
모든 말은
아름답고 따듯하다

나는
작은 고모 작은 이모
작은 언니 작은 수녀로
불리움을 새롭게 기뻐하며
더 많이 사랑하리라

사람들의 외로움과 추위를
기도 안에 녹여주는
작은 이가 되리라
누구에게나 정겨운

작은 수녀
작은 천사가 되리라

희망은 깨어 있네

나는
늘 작아서
힘이 없는데
믿음이 부족해서
두려운데
그래도 괜찮다고
당신은 내게 말하는군요

살아 있는 것 자체가 희망이고
옆에 있는 사람들이
다 희망이라고
내게 다시 말해주는
나의 작은 희망인 당신
고맙습니다

그래서
오늘도
나는 숨을 쉽니다
힘든 일 있어도

노래를 부릅니다

자면서도

깨어 있습니다

작은 위로 2

어느 날
내 사랑하는 소녀가
갑자기 죽었다는 소식을 듣고
세상이 온통
이별의 무대로
빙빙 돌던 시간

고운 꽃 한 송이
지난해에 피었던
바로 그 자리 꽃자리에
그대로 피어 있음을
새롭게 발견한 기쁨

눈여겨보던 새 한 마리
포르르 날아와
늘 같은 자리에 머물다 가는 것을
새롭게 발견한 기쁨

슬픔 중에도

아름다워서

고맙다고

고맙다고

나는 가만히

두 손 모으네

아주 당연한 것도 새로운 감동과 감사로 받아 안는 기쁨의 첫 마음, 사소한 일에서도 이기심을 이타심으로 넓혀가는 사랑의 첫 마음, 언제 어디서나 펼쳐진 책처럼 내가 속한 공동체를 향해 있는 믿음과 신뢰의 첫 마음.

새벽바람

새벽의 바람이
한 마리 고운 새를 데리고 와
나의 창을 두드리네

꿈을 털고
어서 일어나라
웃어라 노래하라
내 어머니의 눈빛을 닮은
고마운 새벽바람이
다시 나를 재촉하네

손님을 맞으려면
새 옷을 준비해야지
마음을 깨끗이 하고
신발도 닦아야지

신발을 신으며

발에 신으면 발신이지
왜 신발이냐고 우기던
어린 조카의 말을 생각하며
신발을 신습니다

무거운 나를
가볍게 지고 갈
나의 신발에게
늘 고맙다는 말
잊지 않으면서
하루의 길을 가면
더욱 정겹게 살아오는
나의 이웃
반갑게 웃어주는
거리의 풍경

날마다 새롭게
낮은 자세로 신발을 신으면
높은 곳에 있던 행복도

굽 낮은 신발을 신고

사뿐히 겸손하게

내려옵니다

종이에 손을 베고

눈부시게 아름다운
흰 종이에
손을 베었다

종이가 나의 손을
살짝 스쳐간 것뿐인데도
피가 나다니
쓰라리다니

나는 이제
가벼운 종이도
조심조심
무겁게 다루어야지
다짐해본다

세상에 그 무엇도
실상 가벼운 것은 없다고
생각하고 또 생각하면서—

내가 생각 없이 내뱉은

가벼운 말들이

남을 피 흘리게 한 일은 없었는지

반성하고 또 반성하면서―

편지의 집

내 일생 동안
편지로 집을 지었네
사랑의 무게로 가득한
사계절의 집
나는 저세상으로
다 이고 갈 수도 없고
세상에 두고 가면
누가 다 읽을까?
이 많은 사랑의 흔적
어떻게 버릴까
오늘도 고민인데
편지의 집 속에
사는 이들이
나를 향해
웃다가 울다가
노래하다가
마침내 내 안에 들어와
우표 없는
기도가 되네

아침 기도

잠에서 깨어나
다시 듣는 새소리
바람 소리에
가슴이 뜁니다

떠오르는 태양이
멀리서도 가까이 건네주는
사랑의 인사에
황홀해 하며

가슴 가득히
그 빛을 넣어둡니다

오늘 만나는 이들에게
골고루 이 빛을 나누어
행복할 수 있도록—

밤 기도

오늘 하루도
감사했습니다

저의 생각과 말과 행동으로
사랑을 거스른
모든 잘못에 대해
용서를 청합니다

제가 사랑하는 이들의
잘못에 대해서도
용서를 청합니다

깊은 밤에는
그들의 속울음소리가
제게까지 들려와
눈물을 흘리는 시간입니다

근심 걱정 다 잊어버린
맑고 단순한 평화

꿈나라에서

다시 만들어

아침을 맞이할 수 있기를

오늘도 겸허히

두 손 모읍니다

상처의 교훈

마주하긴 겁이 나서
늦게야 대면하는
내 몸의 상처

상처는 소리 없이 아물어
마침내 고운 꽃으로 앉아 있네
아프고 괴로울 때
피 흘리며 신음했던 나의 상처는
내 마음을 넓히고
지혜를 가르쳤네

형체를 알 수 없는
마음의 상처를
다스리지 못해 힘들었던 날들도
이제는 내가
고운 꽃으로 피워낼 수 있으리

시간은

내가 기쁘면
시간도 춤을 추고
내가 슬프면
시간도 눈물 흘리네

내가 살아 있는 그만큼만
시간은 내게 와서 꽃으로 피네
기다리고 또 기다리고
흐르고 또 흐르면서
내가 살아 있는 그만큼만
시간은 생명이 되네
물 속에 달 속에
내 맘 속에
고요히 잠겨 있어도
움직이는 시간들

작은 감사

내가 힘들 때
이것저것 따져 묻지 않고
잠잠히 기도만 해주는
친구를 주셔서
감사합니다

내 안에
곧잘 날아다니는
근심의 새들이
잠시 앉아 쉬어가는
나무를 닮은 친구를 주셔서
감사합니다

아프지 않아도
문득 외로울 때
그 사실 슬퍼하기도 전에
내가 다른 사람들을
외롭게 만든 사실을
먼저 깨닫고

슬퍼할 수 있는 마음을 주셔서

감사합니다

나의 손은

사랑하는 순간마다
나의 손은
날마다 새롭게
길이 된다
누군가를 포근하게
안아줄 때
기도의 순간마다
마음 다해 두 손 모을 때
사랑하는 이를 위하여
음식을 만들 때
편지를 쓸 때
나의 손에는
강물이 흐른다
살아온 모든 시간을
지나온 세월을
다 기억하고 있는
나의 손
고마운 손

방역

눈에 잘 안 보이는
균을 죽이려고
소독약을 칩니다
냄새가 나도
깨끗함을 위하여
참아냅니다

내 마음에 안 드는
마음의 균도
약을 뿌려서
말끔히 소독하면 좋겠네

아주 사소한 일로
누굴 미워하는 못된 마음
용서했다가도
다시 물리는
옹졸한 마음

독한 냄새 나도 좋으니

살살 뿌려서

소독하면 좋겠네

바다로 가는 길

우리 동네
바다약국을 지나
바다로 가는 길

나는
늘 푸른 바람이 되어
날아갑니다

우리 동네 사람들의
기쁘고 슬픈 이야기
그들이 내게 부탁하는
수많은 기도를
혼자서는 감당 못해
바다로 들고 가
수평선에게 전하려고

그냥 천천히
걸어갈 순 없어
날개도 아니 달고
바람이 되어 날아갑니다

지혜로운 사람

싫다 좋다
옳다 그르다
판단의 말을 충동적으로
쉽게 하지 않는 사람

좀체 화를 내지 않지만
남에게 조금이라도
언짢은 행동을 했다 싶으면
즉시 용서를 청하는 사람

남에게 잔소리와 넋두리를 안 하고
자신이 먼저
솔선수범하는 사람

선한 일을 하고도
생색내지 않고
고요히 침묵하며
담백한 표정을 짓는 사람

자신의 삶을

끊임없이 성찰하고
남에 대해서는 사소한 것에도
사랑의 배려가 앞서는 사람

언제 어디서나
자연스러운 표정과 몸짓으로
남에게 부담을 주지 않는 사람

바람의 소리

바람이 불 적마다
나뭇잎은
소리를 낸다

나의 사랑이
나를 부르면
나도 소리로 응답하는
바람이 된다

세월

물이 흐르는 동안
시간이 흐르고
시간이 흐르는 동안
물이 흐르고

하늘엔 흰 구름
땅에는 꽃과 나무

날마다 새롭게
피었다 지는 동안
나도 날마다 새롭게
피었다 지네

모든 것 다 내어주고도
마음 한켠이
얼마쯤은 늘 비어 있는
쓸쓸한 사랑이여
사라지면서 차오르는
나의 시간이여

다산의 말

"남이 어려울 때

자기는 베풀지 않으면서

남이 먼저 은혜를 베풀어주기를 바라는 것은

너의 오만한 근성이 없어지지 않았기 때문이다

가벼운 농담일망정

'나는 전번에 이리저리 도와주었는데

저들은 이렇게 하는구나!' 하는 소리를 한 마디라도

입 밖에 내뱉어서는 안 된다. 이러한 말이 한 번이라도

입 밖에 나오면 지난날 쌓아놓은 공덕이

하루아침에 재가 되어 바람에 날아가듯

사라져버리고 말 것이다"

다산 정약용이 유배지에서 아들에게 보낸

편지 속의 이 말을

하루에 한 번씩 되새김하면

다산 초당의 청정한 바람 소리도

가까이 들려오는 기쁨

기껏 좋은 일 선한 일 하고도

불필요한 말을 많이 하여

향기를 달아나게 하는 어리석은 사람이

바로 나라고 고백하는 사이

어디선가 들려오는 푸른 기침 소리

큰 죄

자기 잘못은
하나도 없고
하나부터 열까지
남의 탓만 하는 것

남의 마음
크게 상해놓고
용서 청하기보다는
변명만 늘어놓는 것
자리에 없는 사람
이유 없이 험담하는 것
입만 열면
사랑을 설교하며
실제로는 사랑하지 않는 것
나쁜 말을 되풀이해
죄 없는 사람
죄 짓게 만드는 것

그리고 또…

작은 일에 감사할 줄 모르고

아름다운 일에

조금도 감동할 줄 모르는 것

큰 죄를 모르고 사는 것이

사실은 큰 죄가 아닐는지

병상 일기

아직은 낯설어

숨고 싶은 마음

만나는 이들마다

'어쩌지요?' 하는데

나는 그냥 웃기만 하고

좀 어떠세요?

좀 어떠세요?
누군가 내게 묻는
이 평범한 인사에 담긴
사랑의 말이
새삼 따듯하여
되새김하게 되네

좀 어떠세요?
내가 나에게 물으며
대답하는 말
─몸은 힘들어도
마음은 평온하네요─

좀 어떠세요?
내가 다른 이에게
인사할 때에는
사랑을 많이 담아
이 말을 건네리라

다짐하고 연습하며

빙그레 웃어보는 오늘

살아서 주고받는

인사말 한마디에

큰 바다가 출렁이네

어떤 결심

마음이 많이 아플 때
꼭 하루씩만 살기로 했다
몸이 많이 아플 때
꼭 한순간씩만 살기로 했다
고마운 것만 기억하고
사랑한 일만 떠올리며
어떤 경우에도
남의 탓을 안 하기로 했다
고요히 나 자신만
들여다보기로 했다
내게 주어진 하루만이
전 생애라고 생각하니
저만치서 행복이
웃으며 걸어왔다

미열

아무리 기도해도
떨어지지 않는 미열이
나를 힘들게 하네
고열보다
더 지치게 하네

아무것도 아닌 듯한 것이
미지근한 것이
이토록 나를 힘들게 하다니
그리 뜨겁지 않은
내 삶의 태도 역시
나를 힘들게 하네

병상 일기 1

건강할 땐
한번쯤 크게 아프면
벼락을 맞은 듯이
정신 차릴 줄 알았는데
막상 아프고 나니
그렇지도 못해서 실망이에요
혼자서 할 수 있는 일도
누군가에게 의지하고 싶고
다른 사람들의 말과 행동을
예민하게 확대해석하여
오해도 쉽게 하고
시간이 많아도
효율적으로 관리 못해
우왕좌왕하고
생각조차 멍해져서
슬퍼질 때가 많아요
그래서 내가 나를
위로할 방법을
찾고 있는 중이랍니다

자신의 한계를 있는 그대로

받아들임이 행복의 시작이라고

스스로에게 일러주면서…

병상 일기 2

아플 땐 아프다고
신음도 하고
슬프면 눈물도 많이
흘리는 게 좋다고
벗들이 나에게 말해주지만
진정 소리 내는 것이 좋은 것인가
나는 나의 아픔과 슬픔에게
넌지시 물어보았지
그들은 내게 딱 부러지게
대답은 안 했지만
침묵을 좋아하는 눈빛이기에
나는 그냥
가만히 있기로 했지
끝내 참기로 했지

병상 일기 3

사람들이 무심코 주고받는
길 위에서의 이야기들
맛있다고 감탄하며
나누어 먹는 음식들
그들에겐 당연한데
나에겐 딴 세상 일 같네

누구누구를 만나고
어디어디를 가고
무엇무엇을 해야지
열심히 계획표를 짜는 모습도
낯설기만 하네

얼마간 먼 곳에
여행을 다녀오기로 했다며
전화를 거는 친구의 목소리도
그리 반갑지가 않고
밑도 끝도 없이 야속한 생각이 드니
이를 어쩌지?

아프고 나서

문득 낯설어진 세상에

새롭게 발을 들여놓고

마음을 넓히는 일이

사랑의 의무임을

다시 배우네

병상 일기 4

내 어느 날
암에 걸린 뒤
세상에 소문이
암처럼 빨리도
퍼져나갔지
불청객인 암을
정겹게 손 잡아주라는데
친해지라고 하는데
아직은 낯설어
숨고 싶은 마음
만나는 이들마다
'어쩌지요?' 하는데
나는 그냥 웃기만 하고

모기에게

성가시긴 하지만
그래도 정다운 모기야

내가 항암주사 맞는 환자라고
이젠 너마저
나를 살살 비켜가는 거니?

내 피가
더 이상 달지 않고
맛이 없음을
용케도 잘 안다 이거지

언제나 나를 좋아하기에
올 여름에도
피를 주려고 각오했는데
단 한 번도
날 찾아주지 않아
서운한 심정
왕따당하는 나의 이 심정
너는 어떻게 생각하니, 모기야

사람들이 하는 말들, 철따라 피어나는 꽃들, 책에 적힌 글들, 모든 게 다 전보다 새롭고 감동스럽고 때로는 눈물겹습니다. 사람을 더욱 사랑하고 존경해야지, 겸손하게!

새로운 맛

물 한모금
마시기 힘들어하는 내게
어느 날
예쁜 영양사가 웃으며 말했다

물도 음식이라 생각하고
아주 천천히 맛있게
씹어서 드세요

그 후로 나는
바람도 햇빛도 공기도
음식이라 여기고
천천히 씹어먹는 연습을 한다

고맙다고 고맙다고
기도하면서―

때로는 삼키기 어려운 삶의 맛도
씹을수록 새로운 것임을
다시 알았다

숙제

내가 세상에서
사랑받은 그만큼
나도 사랑할 수 있을까

내가 많이 아플 때
나를 응원하고
기도해주며
그저 살아만 달라고
빌어주는 이들의 간절한 눈빛을
나의 하느님도 어여삐 여기실까

그 많은 이들에게
내가 다 갚지 못한
사랑의 빚
풀지 못한 숙제가 하도 많아
나는 먼 나라로
빨리 떠날 수도 없네
나의 숙제는 끝이 없네

눈물의 만남

내가 몸이 아플 때

흘린 눈물과

맘이 아플 때

흘린 눈물이

어느새

사이 좋은 친구가 되었네

몸의 아픔은 나를

겸손으로 초대하고

맘의 아픔은 나를

고독으로 초대하였지

아픔과 슬픔을

내치지 않고

정겹게 길들일수록

나의 행복도

조금씩 웃음소리를 냈지

적게 더 적게

더 적게 먹고
더 적게 말하고
더 적게 일하고

차츰 작아지면서
떠나는 연습을
하나 보다

내 엄마도
그랬으니까
많은 사람이
그랬으니까

건강을 다 잃고 나서야
나는 욕심 없는
작은 나라의
주인이 되려 하네

베개를 받고

'편백나무 열매로
베개를 하나 만들었습니다
서툰 바느질 솜씨라 볼품은 없지만
한 알 한 알에 기도를 넣었어요'

나의 건강을 기원하며
미지의 독자가 두고 간
베개를 베고

나는 밤마다
편백나무 숲을 거니는
꿈을 꾸네

들꽃 몇 송이 수놓인
하얀 무명베개 위로
시간이 흐르고
기도가 흐르고
내 마음속엔
향기 가득한
시가 고이네

아픈 날의 편지

내가
살아서 몇 번이나 더
당신을 볼 수 있을지
뜨는 해 지는 해를
볼 수 있을지요
그리고
몇 편의 시를 더
쓸 수 있을지요
그런 생각을 하면
졸다가도
정신이 번쩍 들어요
언젠가 내가
세상을 떠나는 날
나는 당신을 위한
하얀 새가 되어
날아가고 싶어요
사랑의 시를 쓰는 바람으로
땅에 묻혀도 자유롭고 싶어요

아픈 날의 기도

하느님
오늘은
제가 많이 아파서
기도를 못했습니다

좋은 생각도 못하고
내내 앓기만 했습니다
몸이 약해지면
믿음은 더 튼튼해질 법도 한데
아직은 그저
두려울 뿐입니다
사람들이 건네주는 위로의 말에
네 네
밝게 응답하고도
슬며시 슬픔 속으로 빠져듭니다
그래도 제가 부를
처음과 마지막의 그 이름은
오직 당신뿐임을
당신은 아시지요? 하느님

행복 일기

"몸이 힘드니
과일 껍질 버리기도 힘들지요?
창틀에 두시면 제가 갖다 버릴 테니
걱정 마세요. 알았지요?"

얼굴이 동그랗고
맘씨 동그란
선배 수녀님이
몇 번이나 당부하여
나는 대답합니다

"네 네 고맙습니다
듣는 것만으로도
힘이 되네요
하지만…
제가 할 수 있을 때까진
해볼게요
필요한 심부름도
제가 해드릴게요"

둘이서

마주 보며 웃습니다

창밖엔 흰 구름이 흘러갑니다

위로자의 기도

제가 아픈 것을 보고
누군가 작은 위로를 받는다면
그것도 좋아요
말로 하는 힘없는 위로보다
더 좋아요

저의 아픔에 대한 두려움을
아직은 극복을 못했지만
아픈 사람을 조금만 덜 아프게
슬픈 사람을 조금만 덜 슬프게
도와줄 수 있는
어떤 힘을 제게 주세요

큰 능력이 아니라도 좋으니
저만 아는 사랑의 비결로
진정한 위로를 줄 수 있고
순간치유라도 할 수 있는
마법사가 꼭 되게 해주세요, 하느님

옷 정리

꿈속에서
내내 옷장 정리를 했다

수도복 속치마 앞치마
양말 잠옷 스웨터
몇 가지 안 되는 것도
갈수록 많아 보이고
아직 한 번도 안 입은 옷은
낯설고 낯설기만 하고

한 사람이 살아온 흔적을
단번에 지우는 일이 어렵다고
옷장 속의 옷들이
저마다 한마디씩 거드네

지상에서
내 육신이 떠나면
필요없는 옷들에게
미리 작별인사 고하면서

눈물이 나네

새 옷들은

누구에게 선물할까

빙긋 웃어보며

행복한 오늘!

머리카락의 기도

그는 밤새
나를 위하여
기도했다고 한다

나의 모든 생각과 꿈과
슬픔과 기쁨을
알고 있는 벗으로서
언제나 같이 있고 싶지만
어쩔 수 없이
떨어져나가는 것이
헤어지는 것이 슬프다고 한다

잘 가라, 내 친구
그동안 고마웠어!
나는 버리면서
많이 미안하다

어떤 고백

싫어
하고 네가
누군가에게 말하는 순간은
나도 네가 싫다

미워
하고 네가
누군가에게 말하는 순간은
나도 네가 밉다

절대로 용서 못해
하고 누군가에게
네가 말하는 순간은
나도 너를 용서할 수가 없다

우리를 아프고
병들게 하는 그런 말
습관적으로 자주
하는 게 아니었어

내가 아프고 병들어보니
제일 후회되는 그런 말
우리 다신 하지 말자

고운 말만 하는데도
시간이 모자라잖니
화가 나도 이왕이면
고운 말로 사랑하는 법을
우리 다시 배우자

위로의 방법

아픈 사람 앞에서
아픈 얘긴
너무 많이 하지 말아요

기도도 큰 소리 내지 말고
그냥 속으로만
해주는 게 더 편할 적도 있답니다

좋은 약 좋은 음식
죽음 준비에 대한 말도
너무 많이는 말고
그냥 정도껏만 해주서요

환자들은 오히려
밝은 이야기가 듣고 싶답니다

문병 와서
정 할 말 없으면
약간 어색해도

미소 지으려 애쓰며

그냥 가만히 있는 것도

위로의 좋은 방법인 것 같답니다

사랑의 기쁨

일을 하다가도
자꾸만
웃고 싶은 마음

혼자 있으면서도
세상을 다 가진 듯
충만한 마음

누가 시키지 않아도
자꾸만 무얼 주고 싶고
나누고 싶은 마음

아픈 것도
내색 않고
끝까지 참고 싶은 마음

장미를 닮은
사랑의 기쁨이겠지
가시가 있어도 행복한
사랑의 기쁨이겠지

해 질 무렵 —탄도에서

해가 뜰 때만
눈이 부신 줄 알았더니
해가 질 적에도
눈이 부셔요

아름다운 해님의 모습이
사라지는 순간
너무 서운하여
눈물이 났어요

썰물 때의 바닷가
조그만 섬 탄도에서 한
해님과의 이별예식을
잊을 수가 없어요

삶이라는 이 바닷가에서
나도 언젠가
떠날 날이 있음을 헤아리며
조그만 섬으로 엎디어 있어요
아직도 살아 있음을 고마워하면서

뼈를 위한 노래

어느 날 몸이 아파
병원에 갔더니
뼈가 많이 삭았다고 하네
바람 든 과일처럼
구멍이 많이 났다고 하네

뼈가 아픈 것은
살이 아픈 것보다
더 힘이 들어
아무것도 못하고
누워 있다가
기도하였지

미안하지만 뼈야
아직은 좀 더 살아야겠으니
제발 나를 좀 일으켜다오
그러면 너를 위해 노래를 불러줄게

네가 얼마나

고맙고 소중하고

위대한 존재인지

잊지 않고 기억할게

만천하에 알려줄게

오늘은 나를 좀

일으켜만 다오

계절 편지

싸락눈을 닮아

소소하게 행복했던

나의 세월이

저만치서 웃고 있네

설날 아침

햇빛 한 접시
떡국 한 그릇에
나이 한 살 더 먹고

나는 이제
어디로 가는 것일까요

아빠도 엄마도
하늘에 가고
안 계신 이 세상
우리 집은 어디일까요

일 년 내내
꼬까옷 입고 살 줄 알았던
어린 시절 그 집으로
다시 가고 싶네요

식구들 모두
패랭이꽃처럼 환히 웃던

그 시간 속으로

들어가고 싶네요

봄 일기 —싸락눈 내린 날

싸락눈 내린 길을
싸락눈처럼 얇은 마음으로
조심조심 걸어가는데
새들은
어딘가에 숨어
나를 부르네

봄이 왔다고
살기 위해서는
노래를 배우라고
자꾸만 속삭이네
함박눈처럼 풍성하진 못해도
싸락눈을 닮아
소소하게 행복했던
나의 세월이
저만치서 웃고 있네

봄 일기 —입춘에

봄이 일어서니
내 마음도
기쁘게 일어서야지
나도 어서
희망이 되어야지

누군가에게 다가가
봄이 되려면
내가 먼저
봄이 되어야지

그렇구나
그렇구나
마음에 흐르는
시냇물 소리

봄 인사

새소리 들으며
새처럼 가벼운 마음으로
봄 인사 드립니다

계절의 겨울
마음의 겨울
겨울을 견디느라
수고 많으셨습니다

까치가 나무 꼭대기에
집 짓는 걸 보며
생각했습니다

다시 시작하자
높이 올라가자

절망으로 내려가고 싶을 때
우울하게 가라앉고 싶을 때

모든 이를 골고루 비추어주는

봄 햇살에 언 마음을 녹이며

당신께 인사를 전합니다

햇살이야말로

사랑의 인사입니다

비 일기

빗소리
아름답고
마음은 고요하다

비에 젖은
초록빛 시간들

나는 얼마나 더
살 수 있을까?
길의 끝은 어디일까?

내 감사의 목록은
어디에 새겨둘까?
어디에서 끝이 날까?

오늘
나의 기도는
끝도 없는
빗방울 물음표이네

반딧불 이야기

오래 깜깜할수록
그 밝은 빛을
더 많이 보여주었지

어떤 것은 살짝
숲으로 날아가고
어떤 것은
춤추는 무희의 몸짓으로
제법 오래 내 앞에
머물다 갔지

인생은 짧다
모든 것은 사라진다
깜빡이는 빛으로
노래하였지
찰나적인 황홀함에
나는 숨이 막혔지

가을비에게

여름을 다 보내고
차갑게
천천히
오시는군요

사람과 삶에 대해
대책 없이 뜨거운 마음
조금씩 식히라고 하셨지요?

이제는
눈을 맑게 뜨고
서늘해질 준비를 하라고
재촉하시는군요

당신이 오늘은
저의 반가운
첫 손님이시군요

가을 편지 1

하늘 향한 그리움에
눈이 맑아지고
사람 향한 그리움에
마음이 깊어지는 계절

순하고도 단호한
바람의 말에 귀 기울이며
삶을 사랑하고
사람을 용서하며
산길을 걷다 보면

톡, 하고 떨어지는
조그만 도토리 하나

내 안에 조심스레 익어가는
참회의 기도를 닮았네

밭에 나가서 생명의 향기를 맡으면 온갖 시름을 다 잊는 듯합니다. 밭에 대한 묵상을 계속하리라. 씨 뿌리는 마음으로 매일을 살면 언젠가 열매 거두는 기쁨을 맛보리라 생각합니다.

가을 편지 2

도토리만 한 꿈 한 알
밤 한 톨만 한 기도 한 알
가슴에 품고
길을 가면
황금빛 벼이삭은
바다로 출렁이고
단풍숲은 불타며
온 천지에 일어서고
하늘에선 흰 구름이
큰 잔치를 준비하네

말로는 다 할 수 없는
살아 있음의 축복
가을이여, 사랑이여

도토리의 집

쬐그만 열매가 빠져나간
도토리의 빈집은
작아서 더욱
겸손하고 애틋하다

큰 하늘도 담겨 있는
앙징스런 빈집에
잠시 들어가 살고 싶네

도토리처럼 단단한 꿈을 익혀
세상에 나누어 줄 때까지
정겹고 따스한 집 속에
꼭꼭 숨어 살고 싶네
아주 조그만 사람으로

한가위

사람들이 모두
가족이 되어
사랑의 인사를 나누는 추석날
이승과 저승의 가족들이
함께 그리운 날
감사와 용서를
새롭게 배우는 날

하늘과 땅
고향의 산과 강
꽃과 새가
웃으며 달려오네

힘든 중에도
함께 살아갈 힘을
달님에게 배우며
달빛에 마음을 적시는 우리

고향을 떠날 때쯤은

조금 더 착해진 마음으로

서로가 서로에게

둥근 달이 되어주는 추석날

가을 하늘

맑고 푸르게
웃기만 하는
하늘은
천국

그 아래서
누구도
죄를 지을 수 없다
하느님도 엄마도
거기 계시다

모질게
야단치지 않고도
나를 참회하게 만드는
하늘은
나의 사랑

단풍나무 아래서

사랑하는 이를 생각하다
문득 그가 보고 싶을 적엔
단풍나무 아래로 오세요

마음속에 가득 찬 말들이
잘 표현되지 않아
안타까울 때도
단풍나무 아래로 오세요

가만히 서 있기만 해도
세상과 사람을 향한 그리움이
저절로 기도가 되는
단풍나무 아래서
하늘을 보면 행복합니다
별을 닮은 단풍잎들의
황홀한 웃음에 취해
나의 남은 세월 모두가
사랑으로 물드는 기쁨이여

나뭇잎 러브레터

당신이 내게 주신
나뭇잎 한 장이
나의 가을을
사랑으로 물들입니다

나뭇잎에 들어 있는
바람과 햇빛과
별빛과 달빛의 이야기를
풀어서 읽는 것만으로도
행복합니다

한 장의 나뭇잎은
또 다른 당신과
나의 모습이지요?

이 가을엔 나도
나뭇잎 한 장으로
많은 벗들에게
고마움의 러브레터를
쓰겠습니다

첫눈 내리는 날

첫눈 내리는 날
나는 죄 없는 목소리로
엄마를 부르네

마음과 삶이
눈처럼 고요하고
깨끗하고
거룩했던 엄마

엄마를 부르는 동안
눈은 하얗게 쌓이고
눈이 쌓이는 동안
나는 엄마를 닮은
눈사람이 되어
하늘을 보네

눈사람이 된 엄마가
환히 웃어 행복한
첫눈 내리는 날

눈꽃 노래 1

하얀 눈 내리는 날
어디선가 예쁘게
새소리 들려오고

내 마음에 흐르는
시냇물 소리

하루 종일 흘러서
나는 잠들 수도 없네

물소리 따라
맑은 세상 끝까지
가보아야지

순례자인 내가
어머니를 만나
환히 웃을 때까지

눈꽃 노래 2

포근하고
순결하다

수없이 잘못한
인간의 죄를
용서로 덮는
하얀 눈
송이송이
끝도 없이 떨어지네

울다가 웃다가
꽃으로 기도로
내리는 눈

행복한 사람 되라고
고요히 고요히
함박눈으로 떨어지는
하느님의 하얀 용서

눈꽃 노래 3

산과 들에
밤새 흰 눈이 많이 쌓이고
내 마음엔
시를 닮은 생각들이 많이 쌓이고

아무도 밟지 않은 눈길을 걸으니
세상 사람 모두가
흰 옷을 입은 눈사람으로
나에게 걸어오네

순간마다
마음이 순결해지는 눈나라에선
미운 사람 아무도 없고
용서 못할 사람 아무도 없네

햇빛에 녹아 사라질 때까진
너도 나도
그냥 웃으면 되지

12월은

12월은
우리 모두
사랑을 시작하는 계절입니다

잠시 잊고 있던
서로의 존재를
새롭게 확인하며
고마운 일 챙겨보고
잘못한 일 용서 청하는
가족 이웃 친지들

12월은
우리 모두
은총의 시간에 물든
겸손하고
소박하고
따뜻한 마음으로
한 해를 마무리하고
새해를 준비하며

세상 사람 누구에게나
벗으로 가족으로 다가가는
사랑의 계절입니다

겨울 기도

하얗게 옷 벗은
나무들 사이로
산과 하늘이
잘 보입니다
하느님의 음성도
잘 들립니다
바람이 많이 부니
내 마음도
깨어납니다
왜 비워야만 하는지
추워야만 하는지
바람은 쉬지도 않고
나를 흔듭니다

겨울산에서

죽어서야

다시 사는 법을

여기 와서 배웁니다

모든 것을 잃었지만

모든 것을 갖고 있다고

모든 이와 헤어졌지만

모든 이를 다 새롭게 만난다고

하얗게 눈이 쌓인 겨울 산길에서

산새가 되어 불러보는

당신의 이름

눈 속에 노을 속에

사라지면서

다시 시작되는

나의 사랑이여

우리는 믿습니다 —성탄 기도

인간에 대한 지극한 사랑을
하늘의 침묵만으로는 견딜 수 없어
마침내 말씀으로 살아오신 구세주 예수님
구유에 누우신 아기 예수님

길고 오랜 기다림의 하늘에는
이제 밝은 별이 돋아납니다
사무치는 그리움의 골짜기에는
이제 맑은 물이 흘러내립니다

당신의 탄생으로
세상이 놀라워하고
당신의 탄생으로
사람들은 즐거워합니다

인간으로 오신 당신이기에
우리가 인간임을 다시 한 번
설레며 기뻐합니다
당신이 오신 세상이기에

때로는 힘겨워도 살아야 할
삶의 이유를 축복으로 바꿉니다

죽음과 절망과 불안
어둠과 혼돈과 두려움이
생명과 희망의 약속으로 바뀌는
이 아름다운 기적의 밤

우리는 믿습니다
길이신 당신을 한결같이 따르면
마침내 우리도 진리에 도달하는
하나의 길이 된다는 것을

우리는 믿습니다
빛이신 당신을 날마다 우러르면
마침내 우리도 어둠을 밝히는
한 점 빛으로 타오를 수 있음을

우리는 믿습니다

샘이신 당신 곁에 겸손히 머무르면

마침내 우리도 목마른 이들을 축여주는

마르지 않는 샘이 될 수 있음을

우리는 믿습니다

문이신 당신께

단순한 신뢰로 마음을 열면

마침내 우리도 이웃을 위한 사랑의 문으로

활짝 열릴 수 있음을

당신이 오신 기쁨으로

이렇게 빛나는 세상

당신이 오신 기쁨으로

이렇게 행복한 사람들

당신이 사랑하는

세상과 사람들을

오늘은 다시 당신께

첫 예물로 봉헌합니다

가난하지만 뜨거운

우리 마음 안에서

꺼지지 않는 불꽃으로 타오르십시오

초라하지만 평화로운

우리 마음 안에서

온 세상을 끌어안는

지혜의 하느님으로 더욱 빛나십시오

우리와 함께 울고 웃고

우리와 함께 아파하시려고

빈 손 빈 마음의 가난함으로

구세주 아기께서 오셨습니다

첫눈 같은 순결함으로 말을 배우는 아기처럼

우리도 다시 사랑을 배우렵니다

오만의 뻣뻣한 등에 겸손한 아기를 업고

이 세상 끝까지 뛰어가렵니다

오, 멈출 수 없는 노래여

말로는 다할 수 없는 사랑에

그저 출렁일 수밖에 없는 신비의 바다여

어서 오십시오, 엠마누엘

이제 와 영원히 찬미받으십시오

채우고 싶은 것들

우리가 함께 있을 날이

그리 많지 않으니

짧은 오늘 속에

미리미리

영원을 살아야 하네

오늘의 행복

오늘은
나에게 펼쳐진
한 권의 책

두 번 다신 오지 않을
오늘 이 시간 속의
하느님과 이웃이
자연과 사물이
내게 말을 걸어오네

시로 수필로
소설로 동화로
빛나는 새 얼굴의
첫 페이지를 열며
읽어달라 재촉하네

때로는
내가 해독할 수 없는
사랑의 암호를

사랑으로 연구하여
풀어 읽으라 하네

아무 일 없이
편안하길 바라지만
풀 수 없는 숙제가 많아
삶은 나를 더욱
설레게 하고
고마움과 놀라움에
눈뜨게 하고

힘들어도
아름답다
살 만하다
고백하게 하네

어제와 내일 사이
오늘이란 선물에
숨어 있는 행복!

채우고 싶은 것들

생각하고 또 생각해도
생각이 남아요

사랑하고 또 사랑해도
사랑이 남아요

글을 쓰고 또 써도
글이 남아요

잠을 자고 또 자도
잠이 남아요

나머지는 모두
하늘나라에 가서
채우면 됩니다

슬픈 날의 일기

마음먹고 시작한 나의 이야기
아무도 귀담아 듣지 않고
바람 속에 흩어버릴 때

말로는 표현 못할
내 맘속의 슬픔과
자신에겐 길었던
고통의 순간들을
내 가까운 사람이
다른 이에게
너무 짧고 가볍게 말해버릴 때

새롭게 피어나는 나의 귀한 꿈을
어떤 사람은
별것 아닌 것으로 여기며
허무한 웃음으로 날릴 때
나는 조금 운답니다

성자들은 자신의 죄만 크게 여기고

남들은 무조건 용서한다는데

남의 죄를 무겁게 여기고

자신의 죄는 가볍게 여기는

나 자신을 다시 바라볼 때도

나는 조금 운답니다

슬픔은 이리도

내게 가까이 있는데

어떻게 순하게 키워서

멀리 보내야 할지

이것이 나에겐

어려운 숙제입니다

나의 별

지상에서
고통의 소금 한움큼씩
삼킬 적마다
천상에는 나의 별이
환히 웃고 있다

때로 기쁨이 고통 되고
고통이 기쁨 되는
삶의 길에서
나는 밤마다
별이 되는 꿈을 꾼다

꿀잠

아무리 힘이 들어도
한숨 자고 나면
거짓말처럼 편하고
가벼워지는 몸
잠은 나에게
달콤한 꿈이고
살려주는 은인이고
만만한 친구이네

고마운 마음
잊고 있다가도
힘들 때면
몹시 그리운 잠
약이 되고 꿀이 되는 잠

잠이 있어
이만큼 살아왔네

꽃밭에서

내가 만든 작은 꽃밭에
아침마다 인사하러 가면

예쁜 꽃들이
손을 들고
시 낭송을 하겠단다

저요 저요
여기 있어요
우리도 있어요

나는 누구를 시킬지 몰라
그냥 그냥
웃으며 서 있는
행복한 사람

꽃향기에 어지러운
꽃선생님이다
시험도 숙제도 안 주는
맘씨 좋은 담임이다

산 위에서

산에서
산이 되는 꿈을 꿉니다
없던 길 하나
내 마음에 새로 내며
걸음이 빨라집니다

세상에서
내가 다 못한 말은
산새가 대신 해주고
내가 못 다 부른 노래는
시냇물이 대신 해줍니다

나무 사이로 보이는
하늘의 흰 구름이
내가 다 못한 기도를
대신 해줍니다

사계절 내내
늘 같으면서도
늘 다르게 서 있는 산

새로운 이야기로

하느님으로

내가 미처 못 가면

나에게 뚜벅뚜벅

걸어오는 산

바닷가에서

내가
눈이 맑은 어린이들과
바닷가에서
마음껏 뛰어노는 꿈을 꾸고 난
행복한 아침

오래된 친구와 같이
바닷가에 나갔더니
물새들이 달려와
반겨줍니다

흰 모래 위에서
수평선을 바라보며
사랑을 고백하는 행복
이 사랑은
하도 넓고 깊어서
고백의 말이 끝나질 않네요

기다리다 못해

푸른 파도가

밀려오고 밀려가며

끝도 없는 내 마음

대신 고백해줍니다

사랑의 말

여기는 바다

고통 속에 진주를 만드는
기다림의 세월

마르지 않는 눈물로
당신을 사랑합니다

여기는 산

뿌리 깊은 나무를 키우는
흙냄새 가득한 기도

끝없는 설레임의 웃음으로
당신을 사랑합니다

잔치국수

삶은 하나의 축제라는 말을
몇 번이고 되풀이하며
잔치국수를 먹다 보면
외로운 이웃을 불러 모아
큰 잔치를 하고 싶네
우정의 길이를 더 길게 늘려서
넉넉한 미소로 국수를 삶아
대접하고 싶네

쫄깃쫄깃 탄력 있는
기쁨과 희망으로
이웃을 반기며
국수의 순결한 길이만큼
오래오래 복을 빌어주고 싶네

꿈의 길

꿈길에선
어서 깨어나고 싶고
깨어나면 다시
꿈길로 가고 싶고

어디라도 정겹고
누구라도 반가운
그런 세상은
어디 있는 걸까

꿈속에서도
깨어나서도
늘 헤매다 끝나고 마는
이 세상 여행길엔

언제나
이름 지을 수 없는
그리움 한 톨만
기도로 남아 있네

후회뿐인 기도

어떤 분은
버리고 갈 것만 남아 홀가분하다고
큰 소리로 고백했는데
저는
두고 갈 것만 남아 부담스럽다고
고백해야 옳을 것 같습니다

잊혀지는 것은
두렵지 않다고
습관처럼 미리 말해둔 것도
매우 부끄럽습니다

잘 알지도 못하면서
사랑에 대해
너무 많이 말한 것이 후회됩니다

기도를 제대로 못하면서
남에게 기도를 가르치려 한 것도 후회됩니다

진정 후회 없는 기도를 바치는 것이
세상에선 참 어려운 일이네요

오래고 오래된 사랑의 하느님
저의 게으른 푸념을
항상 내치지 않고
들어주셔서 감사합니다

그리운 집

일생 동안
집을 그리워하다
집 없이 떠나는
나의 모습

마음에 사랑이 없는 한
오래 머물 집은
어디에도 없네

사랑하는 이들조차
온전한 집이 되지는 못하지

우리가 함께 있을 날이
그리 많지 않으니
짧은 오늘 속에
미리미리
영원을 살아야 하네

엄마

세상에 계실 때에도
세상에 안 계실 때에도
이름을 부르면
즉시 보고 싶어지는 엄마

때로는
밑도 끝도 없이
나를 눈물 글썽이게 만드는 엄마

산에 올라가도
바다에 나가도
엄마는 계속
고운 그림자로
나를 따라오시네
내가 어디엘 가든지
아직도 카랑카랑한 음성으로
내 이름을 부르시는
그리운 엄마

길 위에서

나를 만나는 이들마다

기도를 부탁해요

부탁이 너무 많아

감당 못할 줄 알면서도

쉽게 약속을 하죠

나를 만나는 이들마다

살아가는 일

힘들다고 한숨 쉬어요

행복한 이들은 없어 보인다고

푸념을 많이 해요

나는 사실 행복하지만

그의 마음 다치지 않기 위해

함께 한숨 쉬며 시간을 보내요

너와 내가 다 불쌍해 보인다며

불쌍한 표정을 지어요

이것이 위선은 아니길 빌고 빌어요

나무를 안고

길을 걷다가
하도 아파서
나무를 껴안고
잠시 기도하니
든든하고
편하고
좋았어요

괜찮아
곧 괜찮아질 거야

나뭇잎들도
일제히 웃으며
나를 위로해주었어요

힘내라 힘내라
바람 속에 다 같이
노래해주니
나도 나무가 되었어요

호젓한 고독의 향기가 내 마음을
차분하게 하네요. 빈집에 있으니 빈
마음이 되네요. 나가 있는 식구들
을 기다리며 행복해지는 마음.
기다리는 마음엔 설렘의 별이 뜨고!

나의 방

비어 있어
아무도 없지만
가득 차서
모두가 있다

생각하고
꿈을 꾸고
잠을 자고

글을 쓰고
그림 그리고
바느질하며

모두가
기도가 되는
나의 방은
조그만 천국이다
여기서
내가 보낸 조그만 일생은

행복했다고

살아서도 죽어서도

조용히 외치고 싶네

숨바꼭질

나를 찾지 마세요
나는 보이지 않게
숨었습니다

나를 찾아보세요
나는
마음만 먹으면
찾을 수 있는 어딘가에
숨었습니다

당신이 끝내
나를 못 찾아도
서운할 것이고
너무 빨리 찾으면
당황할 것이고

어찌해야 좋을지
정말 모르겠네요

꿈꾸며 떠난 길

먼 길 떠나는 날에도
아름다운 꿈을 꾸었지요?

당신만 아는
혼자만의 꿈
평화의 강을 건너
하느님을 만나는 꿈
어둠의 터널을 빠져나온
빛과 함께
승리하는 꿈

꿈에 만난 당신은
고요한 미소로
고개 끄덕이며
나에게 꿈이 되었습니다

이 세상 떠나는 날
나도 당신처럼 고운 꿈
꾸게 해달라고
기도했습니다

이별의 아픔

병들어 베어버린
나무 한 그루
다시 보고 싶어
밤새 몸살하며 생각했지

지상의 나무 한 그루와의 작별도
이리 서러운데
사랑하던 한 사람이
세상을 떠나고 나면
그 슬픔 감당하기
얼마나 힘든 건지!

너무 쉽게
잊으라고 말하는 건
아닌 것 같아
산 사람은 살아야 하니
빨리 잊을수록 좋다고
세월이 약이라고
옆에서 자꾸 독촉하면
안 될 것 같아

사랑하는 이를
저세상으로 보내놓고도

곧 그가 다시 돌아올 것만 같아
내내 아파하는 이들에겐
마음껏 그리워하라고 말하는 게
더 아름다운 위로가 아닐까
오늘은 그런 생각을 해

작은 기도

기쁠 때는
너무 들뜨지 않게
도와주시고
슬플 때는
너무 가라앉지 않게
도와주세요

나의 말을 할 땐
자아도취에 빠지지 않게
도와주시고
남의 말을 들을 땐
아무리 재미없어도
끝까지 인내하며
미소를 잃지 않도록 도와주세요

그날이 그날 같은
단조로운 일상에서도
기쁨을 발견하도록 도와주세요
아름답고 행복한 사람이 되기 위한

성실과 겸손의 실습을

오늘도 게을리하지 않도록

꼭 도와주세요

가야 소녀에게

1500년 전에 어떤 연유로
지체 높은 분의 주검과 함께
순장된 15세의 어린 소녀는
콩을 즐겨 먹던 시녀라고 추정했지
첨단과학의 힘으로 복원한
소녀의 전신 모형은
아름답고 소박하고 친근하여
말을 걸고 싶네

그 모습이
전시된 장소엔
수많은 사람들이 신기해 하며
구경을 하러 간다고 했지

100년도 살까 말까 한 이들이
1500년 전의 소녀에게
하고 싶고 듣고 싶은 말은
무엇일까

키가 작지만

동그스름하고 복스러운 얼굴의

그 소녀가 자꾸만

나에게도 말을 걸어오네

'다시 한 번

가야국에서

멋지게 부활해서

이번엔 공주로 살고 싶어요

사랑하며 살고 싶어요'

나는 위로의 말을

찾지 못해

흰 새들이 날아가는

하늘만 보네

일기

언젠가
나의 글은
유작이 되고
나의 말은
유언이 되겠지요

내일 일이
자꾸만
걱정될수록

느긋하게
마음 달래며
하늘을 봅니다

행복하다
감사하다
말하는 동안

바람 속에

환히 떠오르는
기쁨의 얼굴

김연아에게

네가 한 번씩
얼음 위에서
높이 뛰어오를 적마다
우리의 꿈도 뛰어올랐지
온 국민의 희망도 춤을 추었지

맑고 밝고 고운 네 모습
보고 나면 다시 보고 싶어
많은 사람들은
사진을 들여다보며
웃음 속에 말하네

"이 아인 계속 소녀로 남으면 좋겠다
세월 가도 변치 않는
희망의 요정으로 남으면 좋겠다"

아름다운 선율을 타고
나비가 되고 새가 되고 꽃이 되는
그 환상적인 동작 뒤에 가려진

고독의 땀과 눈물을 잠시 잊고

우리는 모두 동화의 주인공이 되었지

그 순간만은 모든 시름을 잊고

한마음으로 기뻐하며 응원하는

너의 가족이고 애인이 되었지

오른손에 낀 묵주 반지 위에서

보석보다 빛나는 너의 기도를 사랑한다

영혼의 진주가 된 너의 눈물을 고마워한다

때로는 얼음처럼 차갑게

불꽃처럼 뜨겁게

삶의 지혜를 갈고 닦으면서

늘 행복하라고

우리 모두 기도한다

우리도 일상의 빙판을

가볍게 뛰어오르는

희망의 사람이 되자고

푸른 하늘을 본다, 연아야

언제나 그리움

슬픔의 고별식에서 흘리는

우리의 눈물이

꽃보다 향기로운

마지막 기도이게 하소서

장영희에게

그대가 어느 봄날
나에게 그려준
순정만화의 주인공처럼
맑게 밝게 순결하게 살아온 영희

"수녀님의 축시를 받기 위해
결혼을 할까 보다"라고
웃으며 고백했던 영희

더 많은 사람들에게
희망을 주는 '명랑 소녀'로
씩씩하게 살아가자고
함께 약속했던 영희

이렇게 먼저 가버리면
어떡하냐고 원망하는 나에게
천국으로 가는 계단을 오르다 말고
"미안해요!" 하며 잠시 뒤돌아보는 영희

그대가 남기고 간

글꽃의 향기 속에

슬픔 중에도

위로를 받으며

그리움을 달래네요

"잘 가 영희야,

그리고 사랑해!"

나직이 말하는 나의 곁에

어느새

꽃을 든 천사로

꽃을 뿌리는 영희

오늘은 영희를 생각하며

바닷가에 나가

영희의 세례명인

마리아!를 크게 부르겠어요

수평선에 눈을 씻으며

늘 푸른 엄마 성모님께

영희를 잘 부탁한다고 기도할게요

이 세상에 영희를 닮은
희망의 사람들이 더 많아져서
아름다운 세상이 올 수 있도록
영희와 함께 기도할게요. 안녕!

봉헌기도 —김수환 추기경님을 보내며

매화 향기 속에 잔기침 하시는
이른 봄의 하느님
그동안 정이 너무 많이 들어서
이별이 쉽지 않은
지상의 한 분을 보내며
울고 또 울어도
눈물이 많이 남아 걱정입니다

세상을 떠나시며
모든 이를 하나로 묶어주고
죽음의 침묵 속에
눈부신 생명의 말을 꽃피운
우리의 아버지를 받아주십시오

스스로를 서슴없이
바보라고 말했던 현자
자신에겐 엄하고
남에겐 관대했던 사랑의 성자
김수환 스테파노 추기경을

아름다운 당신의 나라에 받아주십시오

순결한 눈꽃 위로
흰 제의 입고 먼 길 떠나신 분의
천상잔치에 우리도 참석해
새 삶을 다짐하는
미사곡을 불러야겠습니다

그리움으로 길게 이어지는
추모의 물결이
땅에서 하늘까지 닿는 기적을 보고
행복했습니다

이제는 이 물결이
서로를 챙겨주는 사랑의 축제로
일상의 삶에서
더 길게 이어지는 기쁨을 보게 하소서

더 늦기 전에

용서하고 화해하라는

눈물의 가르침을 주신

큰 스승 위해

슬픔의 고별식에서 흘리는

우리의 눈물이

꽃보다 향기로운

마지막 기도이게 하소서

더 이상 죄를 짓지 않고

선하게 살겠다는

하늘빛 봉헌기도이게 하소서

김점선에게

한 살 차이라고
늘 나더러
'착한 닭띠 언니'라고
불렀던 화가 점선

장영희 김점선 이해인
셋이 다 암에 걸린 건
어쩌면 축복이라 말했던 점선

하늘나라에서도
나란히 한 반 하자더니
이제는 둘 다 떠나고
나만 남았네요

그대가 그려준
말도 웃고
꽃도 웃는 나의 방에서
문득 보고 싶은 마음에
눈을 감으면

히히 하고 웃는

그 음성이

당장이라도

들려올 것만 같네요

하도 오래 소식 없기에

나 때문에 서운하거나

화난 일 있냐고 물었더니

김점선이 미치지 않은 한

그런 일은 절대 없으니

안심하라고 소식을 전했던 점선

빨간 맨드라미꽃 장식의

모자를 쓰고

즐겨 입던 검은 바지에

흰 블라우스를 입고

잠시

나타날 것만 같네요

만나서 놀아요

만나서 밥 먹어요

불쑥 찾아올 것만 같아

나는 하얀 도화지와

크레용을 준비해둡니다

오늘은 나도

이상하게 기운이 없는데

힘내!라고

말해줄래요?

언제 우리

다시 만날 그날까지

그대가 좋아하는

맨드라미꽃 열심히 그리며

기쁘게 지내세요

심심해 하지 말고—

"미치겠다!"라고 말해서

나에게 야단 맞은 것

늘 재미있어 했지요?

그 나라에서도

고운 말 쓰는 것

절대로 잊지 말고요

알았지요?

시를 꽃피운 생각들

언젠가 희망을
'답답하고 목마를 때 깎아 먹는 무 맛 같은 신선함'이라고
표현한 적이 있습니다.
그래, 나도 희망의 하얀 무가 되자고 다짐합니다.

오후 1시경 수술실에 들어가 모니터링 끝내고 마취주사 맞고 정신을 잃었습니다. 수술이 몇 시에 끝났는지 몰라요. 깨어나는 순간 여러 사람들의 시끄러운 소리, 누군가 자꾸 내게 시를 읊어보라고 하여 「파도의 말」을 비교적 또렷한 발음으로 외운 기억이 나요. 잠시 저쪽 세상으로 건너갔다 온 느낌. 나를 다시 살려낸 의료진의 수고에 고마운 마음 가득합니다. 2008. 7. 14

오늘은 비가 내리네요. 비록 소식小食이긴 하지만 수녀님들이 갖다주시는 음식들은 꼭꼭 씹어서 거의 다 먹기로 합니다. 서서히 입맛이 돌아오는 느낌도 들고요. 포도 한 알, 귤 한 쪽의 맛이 이토록 달콤할 줄이야! 아침에 일어나니 피주머니가 터질 듯이 볼록해졌어요. 140cc 정도라고 하네요. 동료 수녀님이 소독을 해줄 수 있어 얼마나 다행인지요. 안부가 궁금한 지인들이 연락을 해 오지만 나는 아직 답을 할 수가 없습니다. 2008. 7. 24

의심을 버린 신뢰, 자신을 받아들임, 단순함, 고요함, 느긋함, 용기, 기다림, 참을성, 너그러움, 겸손함, 신앙심, 쾌활하고 긍정적인 감사의 태도,…… 환자가 갖추어야 할 덕목들을 하나씩 적어봅니다. 이 중 하나만 잘 닦아도 착한 환자가 될 테지요. 간밤엔 통증이 좀 있었는데 아침에 일어나니 그래도 살 만합니다. 또 하루의 길을 가야겠다고 마음먹습니다.

　순식간에 삶의 패턴이 달라져버리고 말았어요. 단편적인 꿈들을 나누어 꾸기도 하고, 분명 옆에 사람이 없는데 있는 것 같은 환영을 보기도 합니다. 내가 했던 수많은 약속들, 계획들…… 이젠 소용없게 되었네요. 나로 인해 많은 사람들에게 아픔, 서운함, 슬픔, 실망을 주어 미안합니다. 며칠간 입 안이 타는 목마름을 경험하며 앞으로 가야 할 길이 아직은 두렵기만 하네요. 2008. 7. 25

　환자에게 밤은 길고 고통스럽습니다. 숙면을 취한다 해도 때론 한두 시간 단위로 눈이 떠지고 서너 시간 연달아 깊이 잠들기가 쉽지 않네요. 긴 어둠을 지나 아침이 밝으면 기분이 나아지고 다시 살아갈 힘을 얻습니다. 밤에는 육체의 통증과 불편함이 더 크게 느껴지기 때문인지도 모르지요. 복대를 이중으로 해, 누가 치료차 잠시 열었다가 닫기만 해도 시원한 느낌이 들어요. 앞으로 받게 될 항암치료보다도 방사선이 더 걱정이라는 주치의의 말씀에 덜컥 겁도 나지만 용기를 갖기로 합니다. 집이 가까운 편한 곳에서 치료를 받으라고 하시기에 "늘 떠나면서 사는 우리는 따로 집이 없어요. 가는 곳이 다 집이고 만나는 이들이 다 가족인 걸요" 하니 "그래

요?" 하며 웃으십니다. 2008. 7. 25

내가 아직 병원에 있는 줄 알고 문병을 오려는 이들에게 오지 못하도록 적당히 둘러대는 것도 쉽지 않은 일입니다. 달콤한 위로가 없는 황야로, 정적의 산으로 골짜기로 들어가는 일이 처음부터 쉽지는 않겠지요. 큰 용기와 결단이 필요하겠지요. 앞으로 내가 새롭게 경험하게 될 일들, 주위로부터 들어야 할 말들, 예기치 않은 나 자신의 변화 등을 미리 두려워하지 말자고 다짐합니다. 큰 마음, 넓은 마음, 밝은 마음, 어진 마음으로 모든 걸 이해할 수 있기를 기도하고 기도합니다. 2008. 7. 29

오랜만에 수녀원 차를 타고 밖에 나가니 거리의 풍경과 사람들의 모습이 다 새롭기만 합니다. 아주 당연한 것도 새로운 감동과 감사로 받아 안는 기쁨의 첫 마음, 사소한 일에서도 이기심을 이타심으로 넓혀가는 사랑의 첫 마음, 언제 어디서나 펼쳐진 책처럼 내가 속한 공동체를 향해 있는 믿음과 신뢰의 첫 마음. 이 세 가지 마음을 지니려 합니다. 2008. 8. 6

병원에서 하루 세 끼 밥을 챙겨 먹는 것이 문득 힘들게 생각될 적도 있지만, 먹고 싶지 않다고 거르기 시작하면 계속 그럴 것 같아서 조금이라도 꼭 먹는 습관을 들이기로 합니다. 경문을 읽는 기도뿐 아니라 밥을 잘 먹는 기도도 중요한 습관이라고 스스로에게 주문하면서요. 옆에서 허 수녀님, 임 수녀님 등 동기 수녀님들이 사랑의 잔소리와 함께 내게 이것저것 많은 도움을 줍니다.

병실에서 보내는 시간은 하얀빛입니다. 담백하고 단순하고 지루하기조차 한 이 흰빛을 잘 길들이고 사랑해야만 좋은 환자가 될 수 있겠지요. 주님, 저에게 자비를 베푸소서! 2008. 8. 14

내가 쉬는 이곳에 『논어』가 있기에 꺼내다 읽으며 마음을 맑고 곧고 깊고 어질게 다스리는 연습을 다시 하려 합니다. 오늘 주치의 오과장님을 만나니 빙긋 웃으시며 "우리 수녀님은 성격이 좋아 아마도 돌아가실 때까지 잘 살 수 있을 거예요!" 하셨어요. 사실 내 성격이 좋은 편은 아닌데 말이지요. 병원에서 늘 밝고 명랑한 마음과 표정을 지니려 애쓰다 보니 그런 말을 듣기도 하는 거겠지요. 2008. 8. 25

'우리는 평화를 도모하고 서로 도움이 되는 일을 추구합시다.'「로마서」 14.19

늘 읽어왔던 구절인데 오늘은 이 내용이 마음 깊이 들어옵니다. 큰 공동체든 작은 공동체든 우리는 늘 평화를 도모하고 도움이 되는 일을 추구해야 할 것입니다. 언제 어디서든 말과 행동으로. 2008. 9. 4

간밤 꿈에는 내가 세수하는 동안 갑자기 검은 머리카락이 뭉텅 떨어져나가 깜짝 놀랐습니다. 항암주사 맞으면 머리카락부터 빠진다고 하도 많은 이야길 들어서 그랬는지……. 은연중에 불안했던 마음이 꿈으로 드러났나 봅니다. 꿈은 꿈일 뿐이야, 하면서도 계속 생각이 나네요. 2008. 9. 5

오늘도 항암주사에 이어 오후 늦게 마지막 환자로 방사선 치료를 받았어요. 기계에서 이상한 소리가 나고 계속 부동자세로 엎드려 있어야 하고 힘을 빼고 있는 것이 쉽진 않았어도 아프지는 않았습니다. 그러나 방사선을 몸에 쪼이는 것 자체가 보통 일은 아니기에 조금 걱정도 되고, 끝나고 나서도 속이 불편함을 체험한 오늘이었어요. 세상에 쉬운 일은 하나도 없는 것 같네요. 주사를 계속 맞아야 하는데 혈관 찾기가 힘들어 일단 빼고 내일은 다른 방법을 취한다고 합니다. 2008. 9. 11

🌿

하루하루 시간이 요즘의 나에겐 느림 속의 빠름, 빠름 속의 느림으로 흘러갑니다. 오늘 다섯 번째 방사선 치료 날인데, 기다리는 동안 30번 정도의 치료를 끝낸 이들이 보낸 감사 카드와 편지들이 게시판에 잔뜩 붙어 있는 걸 보고는 '나도 그래야지' 생각해봅니다. 대개는 겁먹고 시작했으나 기사들의 친절함에 마음이 따스해지고 감동받았다는 이야기였어요. 어제 오늘 30도가 넘는 늦더위 날씨가 이어지네요. 아침엔 고추밭에서 고추를 땄어요. 땀이 많이 나니 오히려 후련했지요. 2008. 9. 18

🌿

밭에 나가서 생명의 향기를 맡으면 온갖 시름을 다 잊는 듯합니다. 밭에 대한 묵상을 계속하리라, 씨 뿌리는 마음으로 매일을 살면 언젠가 열매 거두는 기쁨을 맛보리라 생각합니다.

오전에 산에 다녀오다가 밤을 많이 주웠어요. 산꿩도 보았고요. 우리가 주운 밤을 맛있다, 맛있다 감탄하면서 먹었어요. 다람쥐들도 밤을 맛있게 먹을 텐데, 우리가 너무 많이 주워 다람쥐 몫이 없어지면 안 되는데 하고 걱정을 했습니다.

오늘도 치료를 받으러 갔어요. 병원 대기실에서 사람들이 주고받는 대화는 그리 밝지 못하고 죽음과 관계된 것이 많아 잠시 마음이 어두워지기도 하지만, 나는 소풍 다녀오는 어린이의 심정으로 동심을 지니고 즐겁게 표정 관리를 하는 중이

랍니다. 간밤 꿈에는 잠시 고故 피천득 선생님이 보였는데 내가 병난 것을 아시면 걱정하시겠다 싶어 가까이 가길 망설였습니다. 2008. 9. 22

하느님이 주인이신 '마법의 성'에서 나는 지금 여왕이나 공주의 호강을 하고 있는 거라고 나를 놀리는 수녀님들! 그동안 두렵고 힘들어 못 보던 나의 상처(수술 자국)를 요즘은 스스로 곧잘 들여다보며 상처에 대한 묵상을 합니다. 죽을 때까지 갖고 가야 할 내 영광의 상처. 이 상처가 헛되지 않도록 외면하지 않고 오히려 사랑하리라. 자주 들여다보며 이 상처를 훈장이 되고 꽃이 되게 하리라. 2008. 9. 23

사랑할 시간이 많지 않다. 기도할 시간이 많지 않다. 노래할 시간이 많지 않다. 한번 간 시간은 다시 오지 않는다. 순간순간을 감사하며 알뜰하게 사용하자. 얼굴엔 미소를, 마음엔 평화를 담고! 2008. 9. 30

이병욱 박사가 내게 서명하여 보낸『그중에 제일은 사랑이다』를 공부하며 읽었습니다.
'휴식은 아무것도 안 하는 것이 아닙니다. 아침이면 몸은

운동을 원하고 정신은 미소를 원하며 영혼은 사랑을 원합니다. 암에 걸렸다는 것은 인격적으로 깊게 살라는 신호입니다. 마음에 평화가 없으면 치유도 없습니다. 범사에 감사하고 이웃에 친절하고 외롭거나 가난한 이들을 위해 봉사하면서 삶의 보람을 찾거나 혹은 삶의 아름다움을 재발견해야 합니다. 암을 이겨낸다기보다는 암을 축복의 기회로 삼는 것입니다. 그 기회를 잘 이용해서 자신의 삶 전체를 암에 걸리기 전과는 다른 삶으로 바꾸어놓는 분들, 암에 대해 승리할 뿐 아니라 자기 스스로도 승리하는 분들이 있습니다.'
2008. 10. 4

오늘은 아침부터 어지럽고 이상하게 힘이 들었어요. 혈압도 평소보다 올라가 있었고요. 오후에 찍을 CT가 심리적으로 부담이 되어 그랬을 것 같기도 하지만 이유를 잘 모르겠네요. 검사를 하기 위해 마시는 조영제 450cc가 오늘따라 어찌나 마시기가 힘든지! 몇 번이나 토할 뻔했어요. 12시 반에서 1시까지는 병원 기도모임 팀이 병실에 와서 기도해주었고 나는 그분들에게 'Fiat'이란 이름을 붙여주었지요. 2008. 11. 7

'내가 먹는 약의 분량이 많아 힘들더라도, 푸념하지 말고

감사와 희망으로 약을 삼킬 것.'

 오늘 점심은 생략하고 저녁은 미역국에 밥을 말아 아주 조금 먹었지요. 누가 내 몸의 막힌 길을 더 시원하게 뚫어주면 좋겠습니다. 물론 내 영의 길도 같이! 2008. 11. 9

 한동안은 일부러 모르는 척 시를 쓰지 않았는데 이 가을이 다 가기 전에 몇 편이라도 써봐야겠습니다. 2008. 11. 11

 길을 걷는 것 자체가 한 편의 시가 아닐 수 없습니다. 오후 산책 시간에는 성당의 종탑 옆 오솔길에서 네잎 클로버를 10분 안에 10개 이상 찾아내서 기뻤지요. 책갈피에 잘 끼워두었다가 은행잎, 단풍잎과 같이 고운 카드를 만들어 선물로 써야겠어요. 간밤 꿈에는 우리 수녀님들도 많이 보이고 내가 오랜만에 학교 강단에서 강의하는 모습을 보았지요. 이것저것 준비하는 과정에서 설렘도 맛보고요. 또 한 장면은 '선물의 집'에서 예쁜 것들을 고르고 있는 나의 모습이었어요. 비록 꿈속에서지만 선물의 집에 머무는 시간은 언제나 즐거움을 안겨줍니다. 2008. 11. 12

 이번 입원에는 시간이 좀 덜 가는 느낌이에요. 회진 올 적마다 "괜찮으세요? 지루하시죠?" 하고 묻는 레지던트 선생님. 창밖의 나무들이 흔들리는 것을 보고 '오늘은 바람이 많이 부는구나', 조용히 있는 것을 보고 '오늘은 바람이 없구나' 하고 느껴보는 나의 시간들……. 2008. 12. 3

"수녀는 밥맛이 있어?"

잠시 문안드리러 갔더니 김수환 추기경님이 물으셨습니다. 늘 같은 메뉴의 미음을 힘겨워하시는 표정으로 빙긋 웃으시면서! 어제는 부산에서 원로 수녀님들 네 분이 추기경님을 뵈러 왔었지요. 나도 같이 들어가 웃음 속의 애교로 즐겁게 해드리며 많이 웃었습니다. "How do you feel today?" 하니 "I feel well!"이라고 큰 소리로 대답하셨지요. 2008. 12. 4

타인에 대한 친절과 예의는 가장 기본적인 덕목임에도 우리는 자주 잊어버리곤 합니다. 이것이 잘 안 되어 서로의 마음을 다치게 하는 일이 얼마나 많은지! 아무리 화가 나도 과격한 단어는 사용하지 않는 것, 아무리 기쁜 일이 있어도 너무 흥분하여 자신을 들어 높이는 단어를 사용하지 않는 것도 기본적인 예의임을 우리는 자주 잊어버립니다. 소공동체에서는 이 실습을 더 열심히 해야만 합니다. 2008. 12. 9

🍃

아침에 조금 힘들어 늦잠을 잤어요. 잠의 나라에 깊이깊이 들어가 폭 안겨서 나오고 싶지 않았지요. 어떤 약보다도 잠이 효력 있는 보약이고 치유임을 경험으로 알아듣습니다. 병원에서는 깊이 못 자는데 집에서는 쉽게 깊이 잘 수 있는 것도 신기합니다. 2008. 12. 16

🍃

오늘은 2008년의 마지막 날입니다. 올 상반기는 이런저런 일들과 강의들로 바빴고 하반기는 수술, 치료, 휴양으로 이어져온 날들이었어요. 그래도 감사하며 삽니다. "모든 것이 은총입니다" "모든 것에 감사합니다"라고 떳떳하게 고백할 수 있도록 순간순간에 최선을 다해야겠습니다. 지나온 시간들이여 안녕! 다시 오는 시간들이여, 안녕? 2008. 12. 31

🍃

병원의 아침미사에 가서 뒤에 앉아 있는데 감회가 깊었습니다. 입원한 순간부터 지금까지 6개월간의 일들이 떠오르면서 마음이 찡했지요. 소성당에 들어가 기도하고 방명록에 글도 적고 간절히 기도하는 이들의 울음소리도 들으며 정들었던 시간들. 그래요, 비록 아프더라도 그 시간과 정이 들 수 있는 것입니다. 2009. 1. 6

며칠 만에 병원에서 돌아오니 부산 본원에서 온 소식들이며 고운 편지가 나를 기다리고 있네요. 같은 층에 사는 M 수녀의 쪽지를 읽어봅니다.

'사랑하올 수녀님, 인사가 늦었지요? 수녀님을 생각하면 가슴이 찡합니다. 너무도 신기하고 특은을 받은 수녀님으로 여겨집니다. 얼마나 고마운지요. 잘 견디어주심에……. 눈물겨웠던 일들이 얼마나 많을까요. 도움이 못 되어서 할 말이 없습니다. 기적의 우리 수녀님, 연피정 어느 날 88번이 새겨진 이불을 들고 수녀님 침방 쪽으로 갔더니 방문이 조금 열려 있어서 얼마나 다정해 보였는지, 꼭 수녀님이 안에 계신 것 같아서 순간이나마 기뻤어요. 수녀님을 어서 뵙고 싶다는 귀여운 수련 수녀들의 주옥같은 예쁜 글들도 방에서 기다리고 있어요. 수녀님을 기다리는 침상도 햇살과 함께 마냥 기다리는 것 같았어요. 곳곳에서 아우성이 들리지 않나요? 수녀님 소식을 들을 적마다 저희에겐 얼마나 큰 힘이 되는지 말할 수도 없어요.' 2009. 1. 11

아침에 일어나 미사에 가는데 함박눈이 내렸습니다. 오늘은 시인 김남조 선생님이 카롤로 카레토의 저서 『사막에서의 편지』와 함께 위로의 편지를 보내오셨습니다. '영성의 단련, 영혼의 확충을 이 고비에서 얻어내신다면 그 가치야말로 얼마나 빛부신 것이겠습니까' 라는 구절이 기억에 남습니다.
2009. 1. 16

　반년 만에 돌아온 본원에서의 일상이 새삼 소중합니다. 성당에서의 기도 소리도, 식당에서의 움직임들도, 정원에서 들리는 새 소리도, 모두가 새롭습니다. 그동안 나를 대신하여 글방을 지켜준 신 수녀님이 방을 더 아름답고 깔끔하게 정리해놓았네요. 오후엔 뒷산 묘지에 가서 먼저 세상 떠나신 우리 수녀님들께 인사를 드렸지요. 절대침묵 속에 내 인사를 들으시고 반가워하셨으리라 믿어요. 2009. 1. 21

　오늘 이 시간은 다시 돌아올 수 없는 영원 속의 시간임을 전보다 깊이 절감합니다. 매화가 피려는 이른 봄의 길목, 내 마음은 어느 때보다 고요하고 평화롭습니다. 이 고요함이 혹시라도 너무 가라앉아 우울함으로 흐르진 않도록 각별히 유의하자고 다짐합니다. 2009. 2. 3

　복음, 독서, 기도 말씀의 내용들이 꿀보다 더 달게 마음으로 스며드는 것도 은총이겠지요. 종종 분심이 들지 않는 것은 아니지만 그래도 앓기 전보다는 덜 산만하고 고요 속에

집중이 잘 되는 걸 보면 병을 통한 은총이 아닐 수 없습니다. '여러분은 먹든지 마시든지 그리고 무슨 일을 하든지 하느님의 영광을 위하여 하십시오.'「코린토」1서 10,31 2009. 2. 15

🌱

오늘은 용인 천주교 성직자 묘지에 묻히신 김수환 추기경님을 뵈러 갔습니다. "수녀도 왔어?" 하실 것만 같았어요. 많은 존경과 사랑을 받으시는 추기경님의 모습이 그리운 마음. 당신이 남기신 '바보의 영성'을 살아가는 지혜를 나도 구하고 싶습니다. 내가 본받고 싶은 김수환 추기경님의 덕목은 이러합니다. 1) 유난스럽지 않은 자연스러움 2) 현실을 직시하는 지혜로움 3) 모든 이를 포용하는 따뜻함 4) 자신을 낮추는 겸손함 5) 주위 사람을 즐겁게 하는 쾌활함 2009. 2. 22

🌱

산책을 하다가 까치들이 집 짓는 모습을 한참 동안 서서 관찰했습니다. 나무 꼭대기에서 왔다 갔다 하는 새들의 모습을 보는 것 자체가 기쁨이었지요. 오늘은 수녀원에 김화태 신부님을 초대하여 식사를 대접하고 나는 사제서품 30주년을 축하하는 시를 하나 읊어드렸어요. 수녀님들이 맛있는 요리를 만들어 대접하듯이 나는 종종 시로써 분위기를 즐겁게 할 수 있으니 얼마나 다행인지요! 2009. 2. 24

김수환 추기경님이 남기신 '고맙습니다. 서로 사랑하세요'라는 말씀이 적힌 성당 앞의 현수막을 보며 죽음을 묵상합니다. 그리고 그 옆에 있는 고 이경재 신부님의 흉상을 보면서도 죽음을 묵상합니다. 두 분 모두 생전에 내가 정답게 웃으며 이야기 나누던 분들인데 한 분은 바람에 펄럭이는 하얀 천 위의 사진을 통해 웃고 계시고, 또 한 분은 차가운 조각상으로 미소 짓고 계시네요. 2009. 3. 17

어제 오전 화가 김점선의 별세 소식을 듣고 삼성의료원 영안실에 잠시 다녀왔습니다. 상태가 안 좋다는 소식은 들었지만 이리 빨리 갈 줄 몰랐어요. 고인의 가족들과 여러 지인들도 만날 수 있었습니다. 특히 나의 병실에 항상 별식을 배달해주어 고마웠던 신수정·신수희 자매, 〈샘터〉의 김성구 사장, 〈마음산책〉의 정은숙 사장, 시인 김승희 님을 보니 반가웠습니다.

최근에 펴낸 책을 읽은 지도 얼마 안 되었는데…… 다시는 그의 웃는 모습을 볼 수 없다 생각하니 슬픕니다. 특유의 재밌는 옷차림도 볼 수 없고 목소리도 들을 수 없다니…… 오지 말라 했어도 내가 한 번이라도 문병을 갔으면 좋았을 것을……. 2009. 3. 23

🍃

 오늘은 포천에 있는 천보묘원, 어머니의 묘소에 다녀왔습니다. 동생네 가족들과 같이 갔는데 오늘따라 바람이 많이 불었지요. 그 큰 공원 묘지에 사람이라곤 우리밖에 없었어요. 마 c-351 주소가 적힌 자그만 무덤, '주 날개 밑 쉬는 내 영혼 영원히 살게 되리라'는 성가 가사가 비석에 적혀 있는 곳. 우리는 함께 연도를 바치고 맥주를 따라드리고 어머니가 그리 좋아하시던 새우깡도 뿌려드리고 각자 하고 싶은 말을 한마디씩 하고 사진도 찍었습니다. 늘 새롭게 보고 싶고 새롭게 그리운 우리 엄마 김순옥 펠리치따스 님, 사랑합니다. 2009. 3. 25

🍃

 '꽃은 반만 핀 것이 좋고 복은 반복이 좋다'는 말이 마음에 듭니다. 약간의 조심성과 여백을 남겨두는 이 말이요. 나의 침방 안에만 있어도 할 일이 많아요. 창을 열면 느티나무가 보이고 새소리가 가까이 들리고…… "나는 행복해"라고 외치지 않을 수가 없군요. 조금 불편한 나의 속도 속히 평정을 찾으면 좋겠네요. 2009. 5. 4

🍃

 오늘도 나 혼자서 아침 바닷가를 거닐었어요. 주말이라 그런지 아침인데도 사람들이 꽤 많았지요. 서로의 사랑을 모래 위에 글씨로 고백하며 사진을 찍는 연인들도 있고 청소를 하러 나온 봉사대원들도 있고, 혼자서 가만히 모래 위에 앉아 생각에 잠긴 이들도 있었습니다.

  집으로 오는 골목길 풍경은 늘 그렇듯 정겹습니다. 목욕탕에서 나오는 아줌마들, 서로 안부를 챙기는 이웃들의 모습, 출근하는 우리 수녀들의 모습까지 다양한 사람들을 만나게 되네요. 내가 나 자신과 여유롭게 놀아주는 휴식을 하고 있는 요즘, 긴장 없이 쉬기 위해서는 멍하니 우두커니 고요하게 앉아 있는 시간도 필요할 것입니다. 2009. 5. 9

  어제 전해 들은 장영희의 선종 소식! 나를 슬프게 합니다. 곧 책이 나온다고 하더니…… 다시 입원은 했지만 늘 그랬던 것처럼 퇴원해 집으로 갈 줄 알았는데……. 나는 빈소에 가볼 수도 없고 마음만 안타깝습니다. 지난 3월 일간지에 김점선, 이해인, 장영희 셋이 활짝 웃는 사진이 실렸는데 두 사람 다 떠나고 제일 연장자인 나만 남아 있다니요. 지난해 7월 16일에 서울서 셋이 만나기로 하고 내가 병원에 들어가는 바람에 못 만난 것인데 이젠 약속을 지킬 수도 없는 슬픔. 그럴 줄 알았으면 그가 병원에 오겠다고 했을 적에 그냥 오라고 할 것을……. 아픈 사람 보면 더 아프다고 나는 극구 문병을 사양했었습니다. 그토록 밝고 긍정적인 삶의 태도로 희망을 전하던 'flower lady' 장영희, 영원한 안식을 누리소서. 2009. 5. 10

🌱

오늘은 계속 배가 아프네요. 몸이 조금 불편하니 마음에도 평화가 없고, 기도도 잘 안 되고. 아무 일 없다는 듯이 기도문을 낭송하는 우리 수녀님들이 신기할 정도였지요.

어디가 좀 아프면 그저 무심히 지나치던 일상의 무탈한 일들이 새삼 부럽고 새로이 누리고 싶어집니다. 먹는 음식의 종류와 속도에 대해서 다시 한 번 점검을 해야겠어요. 장을 화나게 하진 말아야지. 절제의 덕목과도 친해져야지. 2009. 5. 14

🌱

오늘은 바람이 많이 불었습니다. 햇빛이 있는 가운데 바람이 많이 불면 황홀한 느낌입니다. 예수님의 빵을 많게 한 기적을 묵상했지요. 기적을 현상학적으로만 이해하지 말고, 감사하고 나누고 쪼개고 하는 그 마음자리에 있는 것이라는 신부님의 강론을 들었어요. 자신을 희생하고 아낌없이 내어놓을 수 있는 그 마음이 바로 기적이라는 말씀이었지요. 2009. 5. 17

🌱

오늘은 내 첫 서원 기념일이라 봉헌기도 바치며 기뻐하고 있었지요. 그런데 갑자기 들려온 노무현 전 대통령의 비보! 나는 차마 텔레비전을 볼 용기가 없어 라디오를 틀었습니다. 그분의 미소가 눈에 선한데……. 국민의 비통한 눈물 속엔 나의 기도도 들어 있습니다. 2009. 5. 23

간밤 꿈에 사랑하는 어머니의 모습을 뵈니 기분이 좋네요. 말없이 미소 띤 그 모습. 비록 육신은 여위고 초라했으나 영혼에선 빛나는 광채가 나던 그 모습을 잊을 수가 없습니다. 지상에서 내가 엄마만큼만 살 수 있어도 좋을 텐데…… 삶의 마무리도 엄마만큼만 고요하고 평화롭게 할 수 있었으면……. 2009. 7. 1

'당신을 사랑한다고 말하려면 / 나는 왠지 그저 눈물부터 나네 / 눈물 흘리는 내 마음 한 개로 / 간절한 꽃 한 송이 만들어 당신께'

마종기 시인의 「꽃 한 송이」라는 시를 외우며 내가 사랑하는 이들의 얼굴을 떠올려봅니다. 그간 허리가 좀 아파 다급한 김에 오늘은 김수환 추기경님의 전구를 통해 기도했는데 그 덕분인지 거짓말처럼 허리가 나아 똑바로 걸을 수 있음에 감사 또 감사! 신기해 하며 몇몇 동료들께 이야기하니 잘 기억해두라고 말하네요. 엊저녁엔 걸음도 잘 못 걷고 너무 불편해 큰 걱정이 되었는데 말이지요. 2009. 7. 11

좋은 시도 짬짬이 쓰고 싶은데 우선은 다른 이의 시들을 많이 읽어두기로 합니다. 사람들이 하는 말들, 철따라 피어나는 꽃들, 책에 적힌 글들, 모든 게 다 전보다 새롭고 감동스럽고 때로는 눈물겹습니다. 사람을 더욱 사랑하고 존경해야지. 겸손하게! 2009. 7. 12

다들 나가고 아무도 없는 빈집에 혼자 머무는 시간도 참 고즈넉하고 좋네요. 호젓한 고독의 향기가 내 마음을 차분하게 하네요. 빈집에 있으니 빈 마음이 되네요. 나가 있는 식구들을 기다리며 행복해지는 마음. 기다리는 마음엔 설렘의 별이 뜨고! "다녀왔습니다!" 하는 인사말 속엔 반가움의 별이 뜨고! 2009. 7. 29

나에게 부산 광안리 본원은 '작은 낙원'과 같습니다. 안팎의 모든 필요를 다 채워주는 곳, 너무 오래 살아 답답하지 않느냐고 묻는 이도 있지만 나로서는 어쨌든 이곳만큼 나를 자유롭게 해주는 곳도 없습니다. 성당 2층에서 내려다보는 수녀들의 뒷모습, 식당에서 밥을 먹는 수녀들의 모습, 정원을 산책하며 담소하는 수녀들의 모습, 각자의 일터에서 열심히 일하는 수녀들의 모습을 나는 날마다 새롭게 바라보곤 해요. 공동체의 방침에 따라 '흙과 가까이하는 해'로 정하고 수녀들이 조를 짜서 가꾸어놓은 텃밭도 더 많은 관심을 갖고 열심히 들여다보게 됩니다. 천국의 계단까지 갔다가 다시 돌아

온 사람이 모든 것을 다 새로운 감동으로 보고 듣고 말하는 그런 심정이랄까요? 2009. 8. 17

'이리저리 흔들리는 내 마음은 누가 잡아주나? / 그때를 위해 내 안에 손을 넣어주신 분이 있다 / 어머니, / 나는 그 손으로 흔들리는 내 마음을 잡는다 / 아무도 날 위로해주지 않을 때 / 그 손으로 / 내 아픈 마음을 쓰다듬는다'

종종 안부글을 보내오는 권영상 님의 「내 마음의 손」이라는 동시가 참 다정하게 다가옵니다. 2009. 8. 20

김대중 전 대통령의 장례식 생중계를 지켜보았습니다. 어느 해 나는 토머스 모어 축일에 청와대로 축하 메일을 보내 답을 받은 일도 있었어요. 시청에서 이희호 여사가 국민들에게 한 감사 인사 중 용서와 화해의 정신이 이어지길 바란다는 내용이 와닿았습니다. 백합이 조금씩 지기 시작하는 여름 정원에서 고요한 마음으로 죽음을 묵상합니다. 2009. 8. 23

식당 독서 시간에 함께 듣는 『토머스 머튼의 영적 일기』는 새로운 감동을 줍니다. 자신의 침방에서 '날마다 새사람이 되고 기도는 제자리를 찾는다'라는 구절은 바로 요즘의 내가

나에게 하고 싶은 말이기도 하지요. 2009. 8. 27

　　　　　🌱

　빨래를 하고 다림질을 하고 설거지를 하는 일상이 더욱 귀하게 여겨지는 요즘입니다. 내가 할 수 있는 일은 누구의 도움도 받지 않고 하는 것이 당연한 것인데도 새롭네요. 나의 꿈길에서는 역시 바다가 제일 많이 보여요. 반달이 뜬 하늘을 올려다보며 옥상에서 산책을 하는 저녁식사 후의 행복도 놓치고 싶지 않습니다. 2009. 8. 29

　　　　　🌱

　청소 구역을 정하는데 나는 한 학기 더 빼주겠다며 배려를 해주는 우리 수녀님들. 환자 수녀들끼리 모여 이야기하는 시간은 유익합니다. 서로의 느낌을 더 솔직하게 말할 수 있으니 좋습니다. 전에는 체온과 맥박이 왜 그리 중요한지 몰랐는데 병원생활하면서 그 중요성을 알았다는 고백도 하고, 때론 암이 부럽다고 말하는 환자들도 있는데 우리의 입장에선 그것이 아닌 것 같다는 느낌도 이야기하고요. 2009. 8. 30

　　　　　🌱

　오늘은 대구 대교구 최영수 주교님의 선종 소식을 들었어요. 아주 오래전, 그분이 주교로 서품 받기 전 가톨릭신문사 사장으로 재직하실 적의 일입니다. 새마을 열차 안에서 우연히 옆자리에 앉으셨는데 커피 한 잔을 사주시기에 나는 사제인 줄 모르고 "저어, 아저씨도 성당에 다니시나 보지요?" 했지요. 그랬더니 당신 소개를 하셨고 내가 속한 수도회와 이름을 물으셨어요. 그 후 온후한 인상의 주교님을 따로 뵐 일은 없었지만 병환중이란 말을 듣고 기도했는데……. 주교님, 영원한 안식을 빕니다! 2009. 8. 31

보름간 화순으로 휴가 다녀온 이후 몸은 좀 피곤하지만 마음은 즐겁습니다. 함께 다녀온 세 수녀들의 얼굴이 더 좋아 보인다는 인사도 들었어요. 자리를 비운 사이 과일, 유과, 곶감, 햅쌀, 땅콩 등 여러 종류의 선물들이 와 있네요. 청송에서 신창원이 우체국 택배로 보낸 선물에 마음이 찡해옵니다. 그는 요즘 가장 힘든 때를 보낸다고 했지요. 오늘 점심 후엔 바닷가에 나가 내 근황을 전하고 왔어요. 출렁이는 파도 소리가 마음에 생명력을 불어넣어 주었습니다. 2009. 10. 1

가을소풍을 식탁별로 가는데 우리 3번 식탁은 당일 코스로 진해와 김해를 다녀오기로 하였어요. 이것저것 계획을 짜며 설렘과 기대로 웃음 짓는 수녀들의 모습이 어린이처럼 천진하고 사랑스럽습니다. 2009. 10. 5

🌿

만리향 향기가 뜰에 가득합니다. 만리향 한 가지를 글방에 갖다두니 향기가 솔솔 나네요. '내가 환자가 맞구나' 느껴질 정도로 그저 눕고만 싶을 때가 있어요. 평소엔 아무렇지도 않은 듯하다가 어느 순간 몹시 '설명 불가능한' 불편을 느끼는 적이 있지요. 오후엔 몸이 쉼을 원하는 것 같아서 두 시간 가까이 휴식을 취하니 한결 나아졌습니다. 2009. 10. 15

🌿

강풍과 황사가 온다더니 투명하고 맑은 날씨. 왠지 시가 나올 것 같은 날이에요. 고요히 기다려보기로 합니다. 동네 우체국에 우편물을 몇 개 부치고 오는데 조그만 우편취급소 소장님이 녹차도 타주고 귤도 건네며 쉬어가라고 하셨지요. 다음에 또 오겠다고 인사하고 바닷가를 지나 집으로 오는 길이 나에겐 새삼 축복으로 여겨져 가슴이 뛰었습니다. 평범한 삶의 길에서 누리는 '환희심'이라고 할까요. 흰 모래 위를 거닐며 마음을 더 유연하고 아름답게 만들어 들고 왔어요. 수녀원은 오늘부터 환경미화 대축제. '예수님을 기다리며 한몸 영성으로 주님의 학원을 빛내고자 합니다.' 예비수녀들이 식당 앞에 게시한 포스터가 맘에 들어 눈여겨봅니다. 2009. 10. 20

ⓒ 김마리소피수녀

 길을 걷는 것 자체가 한 편의 시가 아닐 수 없습니다. 오후 산책 시간에는 성당의 종탑 옆 오솔길에서 네잎 클로버를 10분 안에 10개 이상 찾아내서 기뻤지요. 책갈피에 잘 끼워두었다가 은행잎, 단풍잎과 같이 고운 카드를 만들어 선물로 써야겠어요.

오늘은 일부러 나를 보러 부산에 오신 박완서 선생님과 같이 밀양 가르멜 수녀원에 갔어요. 모든 수녀님들과 언니 수녀님을 만나고 수녀님들이 농사 지은 싱싱한 배추쌈, 된장찌개로 점심을 먹었습니다. 우리의 공동기도 시간에 전에는 못 느꼈던 새로운 감동을 느끼신다는 박 선생님. 선생님은 우리 모두를 기쁘게 하신다며 자장면과 짬뽕을 사주셨지요. 나는 많이 먹지 못하지만 수녀님들이 즐거워하는 모습을 보는 것만으로도 배가 불렀습니다. 2009. 10. 22

오늘은 성모병원 외래에 간 길에 암병동 회의실에서 시와 기도 특강을 했는데, 예감한 대로 매우 눈물겨운 감동의 시간이었습니다. 주사기를 꽂은 채로 온 환자들을 보니 왜 그리 눈물이 나던지! 시 낭송에 참여한 환우들에게는 〈풀꽃 단상〉 CD와 내가 가져간 고운 그림엽서, 아크릴 실 행주를 선물하였습니다. 2009. 11. 2

오늘 새벽에는 돌로로사 외 6명 수녀들의 은경축 미사가 있었어요. 1980년 내가 지원자 담당 시절에 돌보던 앳된 아가씨들이 이젠 다들 중년이 되었네요. 나는 내가 좋아하는 7가지 마음의 이름을 하나씩 정하여(평정심, 환희심, 초발심,

성심, 동심, 항심, 효심) 축시를 적어주었습니다. 예식을 마치고 임지로 떠나며 그들이 내게 남긴 편지를 읽어봅니다.

'수녀님은 수도생활이 기쁨임을 눈치 채게 해주셨어요. 수도생활 첫걸음에 저희의 첫 선생님이셨다는 것이 지금 생각해도 자랑스럽고 다행스러워요.' '서로의 어깨가 닿을 정도로 빼곡히 앉아서 각종 뽑기와 간식을 나누었던 1980년 수녀님의 방은 제 수도생활의 고향집입니다. 그때 그 추억이 없다면 오늘의 저는 삭막한 수도자가 되었을 거예요.' '키도 크고 목소리도 크고 먹성도 좋아 언제나 수녀님을 가슴 졸이게 했던 자연석들이 25년의 삶을 지나 이제는 제 꼴을 지어 살고 있어요.' '얼떨떨하고 어지러워하는 지원자를 주님의 집에 머물 수 있도록 큰언니 같은 마음으로 잡아주시고 이끌어주셨던 모든 것에 대해 감사드립니다.'

큰 종이에 촘촘히 적어간 수녀들의 글을 읽으며 흘리는 감동의 눈물 한 방울이 소중합니다. 2009. 11. 13

우리 수도공동체의 좋은 점 : 유난스럽게 튀지 않는 수수함의 향기, 이심전심으로 전수된 가풍의 향기, 보수와 진보를 아우를 수 있는 중용의 향기, 그리고 시대적인 요청에 민감히 귀 기울여 응답하는 현실적인 영성을 갈고 닦으려는 노력의 향기……. 피정모임에 온 고운 아가씨들에게 이것을 나름대로 간단히 정리하여 들려주었습니다. 2009. 11. 15

아침미사 후 7시 10분쯤 식당으로 가는 길, 떠오르는 태양이 하도 밝고 커서 그 안으로 내가 들어가는 것만 같았습니다. 빛살이 어찌나 눈부신지! 한참을 그 앞에 서 있었지요. 내가 느끼는 황홀한 생명감, 넘치는 기쁨을 제대로 표현 못해 안타깝기만 했어요. 수술하고 난 뒤에도 내 보호자 역할을 해준 허 수녀님의 축일이어서, 다시 고마운 마음 새로이 하며 점심을 함께 했습니다. 2009. 11. 23

오늘은 아침부터 비가 내리네요. 조금 고단해서 그런지 간밤엔 잠을 잘 잤지요. 아침에 깰 무렵 선명한 꿈 하나. 하얀 옷을 입은 작은고모, 큰고모, 아주 오래전에 돌아가신 이모까지 한 줄로 나란히 서서 나를 향하여 정겹게 웃는 모습을 보았어요. "저를 데리러 오셨나요?" 하며 나는 꿈에도 유쾌하게 웃었습니다. 작은고모만 빼고는 두 분 다 돌아가셨는데, 뒤로 살짝 어머니가 계셨던 것 같기도 하고요. 오전에는 살루스 수녀의 특강을 들으며 수도정신을 새롭게 배우는 계기가 되었지요. '순례자의 영성'이란 단어가 오늘은 왜 그리도 애틋하게 들리던지요! 나는 언젠가 우리 선배 수녀님들과 공동체가 남긴 소임수첩, 청소인계수첩 등을 연구하여 특강을 하고 싶습니다. 2009. 11. 29

🍃

　'사랑하는 언니, 병원에 날마다 출퇴근했을 적엔 절절한 사랑과 애정을 마음에 담고 다녔기에 전혀 힘든 줄도 몰랐답니다. 올 성탄절은 건강 선물 듬뿍 받고 더욱 행복합시다!'
　제일 먼저 날아온 아우 로사의 성탄 편지. 2009. 12. 5

🍃

　오늘은 가까운 지역의 홀몸 어르신과 어려운 이웃을 방문하는 날. 둘씩 셋씩 과일 바구니와 빵을 들고 가는 수녀님들의 뒷모습이 퍽도 따듯하고 아름다워 보였습니다. 나도 우리 수녀원에서 일하다가 지금은 암으로 투병 중인 N 아저씨를 방문해 여러 이야기를 나누었지요. 2009. 12. 13

🍃

　'잎이 다칠까 봐 위에서 피는 꽃 / 꽃이 다칠까 봐 아래에 놓인 잎 / 그래서 예쁜 꽃잎이구나.'
　한귀복 시인의 동시를 다시 읽어보며 빙그레 웃어보는 오늘, 나는 빨간 크리스마스 꽃이 있는 자그만 방에서 성탄과 새해를 준비하는 기도시를 쓰고 있습니다. 올 한해도 감사했다고, 다가오는 새해에도 감사할 것이라고, 감사는 기쁨과 희망을 낳아준다고 써야겠어요. 아침에 주방에서 잔뜩 흙이 묻은 무가 하도 커서 저울에 달아보았더니 2킬로그램이나 되었어요. 내가 언젠가 희망을 '답답하고 목마를 때 깎아 먹는

무 맛 같은 신선함'이라고 표현한 적이 있습니다. 그래, 나도 희망의 하얀 무가 되자고 다짐합니다. 2009. 12. 23

지난해와 달리 올해는 성탄 예절에 참석할 수 있어 기뻐요. 오늘 밤 예절엔 새 옷을 차려입고 하얀 명주 머플러도 처음으로 하고 구유 앞에서 축시를 낭독했습니다. 많은 이웃들도 와서 우리와 기쁨을 나누었지요. '사랑하는 마음은 언제나 크리스마스지. 12월이 아니라도.' 내가 전에 쓴 동시의 일절을 내내 외워보는 기쁜 날입니다.

'우리는 늘 무균실처럼 흠이 없는 공동체를 바라지만, 개인에게나 공동체에게나 흠은 차라리 좀 있으면 더 좋다는 생각을 자주 합니다. 그 대신 더 자주 용서하고 용서받고 화해하기만 한다면, 약점도 많고 허술한 공동체가 하느님 사랑을 더 많이 증거한다고 믿기 때문이지요.'

고성에서 요나 수사님이 보내준 성탄 인사 속 이 말이 깊은 울림을 줍니다. 2009. 12. 24

오늘은 부산에서 '민들레의 영토' 카페 10주년을 기념하는 조그만 모임이 있었어요. 1999년 사랑의 아픔을 지닌 어느 청년이 '해바라기 연가'의 작가를 찾아 세 명과 함께 시작한 모임이 이젠 오천 명 이상의 대가족이 되었습니다. 처음엔 무척 낯설고 부담스럽기도 한 모임이었으나 지금은 가족처럼 편안하고 따스한 느낌이 듭니다. 나를 위해 물심양면으로 많은 도움을 주고 기도의 고리를 만들어 쾌유를 빌어주는 그들에게, 나는 충분히 감사드리지도 못한 채 세월이 흘러가네요. 오늘도 희망의 옷을 입고 고요히 외쳐야겠습니다. '가라, 옛날이여. 오라, 새날이여!' 라고. 2009. 12. 29

올해는 무엇보다 시간에 대한 묵상을 많이 했습니다. "모든 것을 물 흐르듯 시간에 맡기세요. 이 한 몸 크게 수리해서 더 좋은 몸 받는다고 여기세요!"라고 덕담을 해주었던 최과장님께도 고마운 인사를 전해야겠습니다. 내가 깨어 있을 때만 시간은 내게 와서 빛나는 소금이 된다고 노래한 일도 있는데…… 아무튼 모든 것을 물 흐르듯 시간에 맡기는 법을 새롭게 배운 해였습니다.

1) 고요하고 겸허하고 깨끗하게 가꾸어가는 수행자의 마음 2) 사람들의 말을 주의 깊게 들을 수 있는 예민한 귀 3) 주위 상황을 잘 살펴볼 수 있는 지혜의 눈 4) 누구에게나 사려 깊고 따스한 말을 할 수 있는 사랑의 입. 이것들을 지니도록 노력하고 또 노력하며 한 해의 길을 걸어가는 은총을 구합니다.

올 한 해도 감사했습니다. 앞으로도 감사할 것입니다. 감사야말로 기도의 시작이며 끝임을 늘 잊지 않게 하소서! 2009. 12. 30